JN014901

スッキリ！がってん！ ブロックチェーンの本

浦岡　行治 [著]

電気書院

はじめに

　ブロックチェーンと聞くと，ビットコインを発想し，怪しい通貨を作った技術などと思う人がいるかも知れないが，大きな間違いである．確かに，ビットコインを支える技術には違いないが，それは一つのユースケースであって，ブロックチェーン技術は，人類の歴史において18世紀にイギリスで起こった産業革命に匹敵する発明であるといわれている．この技術は，地球上のあらゆるものに，価値を与え，裕福な人も貧しい人も，国境を越えて安全に結びつけ，人々を幸せにする可能性を秘めている．ビットコインなどの暗号通貨だけでなく，この技術をゲーム，芸術，スポーツ，医療，製造，不動産，社会インフラなど様々な分野に応用しようとする活動は，すでに，地殻変動のように始まっており，止めることはもはや不可能である．特に，これから押し寄せてくるメタバースやWEB3.0の大波においても，ブロックチェーンは必要不可欠の技術になると予想される．今，世界を牛耳っているGAFAを倒す技術という人もいるくらいだ．

　本書は，この技術の仕組みやこの技術がもたらす人類の未来について，基礎からわかりやすく説明する．このブロックチェーン技術は，生まれたきっかけも面白いし，その将来性にもわくわくするにちがいない．ただ，どんな技術も万能ではないように，法律の改定や消費電力などもちろん課題もある．ぜひ若い人たちが興味をもって，よりよく改良してくれることを望む．

目　次

ブロックチェーンってなあに

1.1 ブロックチェーンってなあに

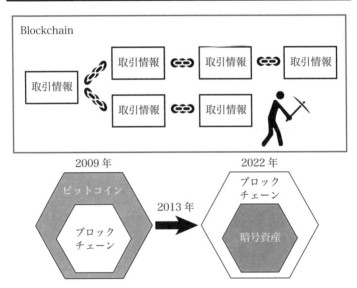

図1・1 ビットコインを誕生させたブロックチェーン

　ブロックチェーンはビットコインを誕生させた技術には違いないが，実は仮想通貨だけでなく，その応用範囲はとてつもなく広く，18世紀の産業革命に匹敵するインパクトをもつといわれている．最近，ブロックチェーンという言葉はマスコミ等で頻繁に聞かれるよ

うになったが，そのすごさに気づいている人はまだ少ないと思われる．しかし，その進化は地殻変動のように我々の地面の下で，大きな音をたてながら着実に進んでおり，もう誰にも止められない．

　ブロックチェーンとは，一言でいうと，インターネットを使って取引の内容を個人間で安全に送り合うことができる記録帳（台帳）のことである．取引の情報をブロックに詰めて暗号化し，内容を参加者みんなで確認しながら，チェーン状に順番につなげて記録する仕組みのことである．仕組みは簡単，たったこれだけ！　この技術は，2008年にビットコインを誕生させたサトシ・ナカモト氏が発明したもので，決して新しい技術ではない．ビットコインの時価総額が急上昇した2013年頃から，ブロックチェーン技術そのものの注目度

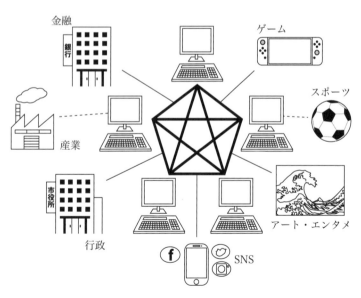

図1・2　ブロックチェーンが活躍する分野

が上がった．致命的な破綻を引き起こさない仕組みが知られるようになり，暗号通貨以外への応用が模索され始めた．現在，ブロックチェーンは金融，ゲーム，芸術，スポーツ，医療，製造業などあらゆる分野でこの技術を活用して，我々の生活を，より安全に，より便利に，より楽しくしていこうという活動が，始まっている．

1.2　ブロックチェーンはどこがすごいのか

　このブロックチェーンの一番すごいところは，記録された内容を後から書き換えることができない，すなわち不正な改ざんができないところである．取引履歴を記録帳に綴じていくときに，その中身に間違いがないかを世界中のコンピュータで確認しながらつなげていくためである．したがって安心して取引ができるため，人類にとって最も重要なお金を送ることができるのである．その証拠として，ビットコインは，2009年に誕生してから今日まで13年以上，一度もトラブルが発生せず，安定的にその仕組が働き続けていることは，その信頼性の高さを証明している．

　もう一つの大きな特長は，この仕組みには特定の管理者がいないことである．すなわち，大きな力をもった人に管理されることなく，みんなが対等の立場で接続ができることである．例えば，これまでの通貨は，銀行を介して送金されるが，ブロックチェーンの場合は個人から個人へ直接送金できるため，手間も時間かからないし，高い手数料も発生しない．特に，外国送金の場合，従来の送金方法では，非常に複雑な手続き，時間，高い手数料がかかる．おまけにその個人情報はすべて銀行に握られている．ブロックチェーンの場合，ワンクリックで済ませられるだけでなく，個人情報はどこにも流出しない．なぜなら，ブロックチェーンに個人情報はもともと不要だ

図1・3　スマホさえあれば，アマゾンでも送金できる！

からだ.

　発展途上国には，銀行口座をつくりたくてもつくれない人たちが
相当数（17億人，全人口の31％）存在し，政府の支援や物品の購入など
様々な活動に参加できない人がたくさんいる. このブロックチェー
ン技術は，ネットさえつながれば，つまりスマホさえもてば，すぐ
に参加できるのである. 銀行のない，アマゾンの奥地でもスマホは
使われているらしい. また，先進国に出稼ぎに出ている途上国の人
たちにとって，外国送金は避けられないため，高い手数料に悩んで
いる. 国のGDP（国内総生産）の3割を出稼ぎ者からの送金で成り立っ
ている発展途上国では，特にその恩恵は大きい.

1.3　ブロックチェーンの基本的な特徴

　ビットコインのシステムに用いられているブロックチェーン技術
は，誰も管理していない分散型（集中していない）のネットワーク内
にすべての出来事を改ざんできないように記録していく仕組みを実
現している. この技術は，どのように革新的なのか.

障害や攻撃に極めて強い

誰もがわかりやすく（透明）記録する

改ざんやコピーができない

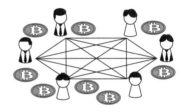

平等なネットワーク

図1・4　ブロックチェーンの基本的な特長

（i）障害や攻撃に極めて強い

　ブロックチェーンのシステムは，過去の記録がすべて，ネットワークに参加するノード（コンピュータネットワークを構成する機器一つ一つ）によって共有されている．ネットワーク内にはノードがつながっており，システムが同時にダウンすることは極めて少ないため，安定的に働き続けている．また，記録が更新されるごとに報酬が与えられるため，誰か特定の個人がコストを負担しなくても，システム全体が維持される．通常のシステムも障害や攻撃に備えて，分散的に構築することは可能だが，その場合は従来型の中央管理システム以上のコストがかかる．ブロックチェーンによって，エラーや障害が発生しにくい安定したシステムを特定の人に頼らず実現している．

(ii)　ネットワーク内の出来事を網羅的かつ透明に記録する

　ブロックチェーンのネットワーク内で生じる出来事（情報のやりとり）は，圧縮を繰り返しながら常に最新のブロックの一部として記録されている．これにより，「過去に誰が何をしたか」，「今どういう状態か」がネットワーク内で常に一致しており，それらを簡単に遡ることが可能．ブロックチェーン上では，過去に起きた出来事と現在の出来事を切り離して考えられない．これに対して，従来のシステムであれば，過去の状態に関するデータは履歴として参照する程度に用いられるか，もしものときのためにバックアップとして別個に保存されるか，が一般的であった．つまりどういったデータを記憶して保存しておくか，それを誰に公開するかが意図的にコントロールされていた．

(iii)　改ざんやコピーができない

　ブロックチェーンではすべての根拠が過去の記録に基づく．一度ブロックに取り込まれた情報は，ブロックチェーンのネットワーク内の事実として扱われ，それ以降の改ざんを受け付けない．そのため，勝手に情報をコピーしたり巻き戻したりできない．

(iv)　管理者不在の平等なネットワーク

　ブロックチェーン上の情報は，そのネットワーク内の事実としてみなされるが，それは特定のだれかが管理したり，承認したりしているわけではない．ブロックチェーンを参加者の誰かが意図的に支配することはできず，定められたルール通りに淡々と出来事を記録していく．誰かが管理しているわけではないから，利用者の誰でも自由に閲覧し，そこに書き記されたことをもとに何をしても良い．いわゆる「公平性」をもったシステムが構築できる．

1.4 ブロックチェーンって誰が考えたの？

　ビットコインすなわちブロックチェーンを発明したサトシ・ナカモトがどんな人物かについての詳細は，ほとんどわかっていない．性別，国籍，年齢，個人か，組織かについて，世界中の人たちがやっきになって調べたが結局何もわかっていない．慶応義塾大学の坂井豊貴教授によると，その論文から判断される人物像は，美意識が高い，計算幾何学を専攻，すでに大変な業績を挙げている大学の研究者の可能性があるという．

　ではなぜ，サトシ・ナカモトはビットコインを発明しようとしたのか．本人が誰だかわからないので推測するしかないが，一説によると，権力をもった国の介入を嫌い，民主的な活動によって支えられる通貨をつくりたかったのではないか．その証拠にブロックチェーンの最初のページには，以下の新聞の見出しが刻まれている．The Times 03/Jan/2009 Chancellor on brink of second bailout for banks（訳：英タイムズ紙2009年1月3日　財務大臣2度目の銀行救済措置の瀬戸際に）

　また，サトシがわざわざこのメッセージをブロックに刻んだのは「2009年1月3日以降に，このジェネシスブロック（最初のブロック）がつくられたことを証明するため」ともいわれている．

1.5 サトシが書いた論文ってどんな内容？

　論文題目：Bitcoin:A Peer-to-Peer electronic cash system
　2014年時の調査では，世界引用数ランキング100位の論文が12 209回引用されている．2020年11月現在，ビットコイン論文は12 660回引用されている．既存のノーベル賞論文は100位以内にも

入っていない．公開から12年の若い論文にも関わらず，これだけ引用され，社会に影響をもたらしたことは類まれな業績といえる．2008年10月31日公開され，すべてはこの9ページの簡潔，明瞭な論文から始まっている．学術論文の冒頭におかれるAbstract（要旨）が，読者をひきつけるための広告塔であるならば，その一行目はとりわけ重要な意味をもつことであろう．

　ビットコイン論文のAbstractは，以下の一文から始まる．

　「A purely peer-to-peer version of electronic cash would allow online payments to be sent directly from one party to another without going through a financial institution.」（サトシ・ナカモト2008）（純粋なピア・トゥ・ピア（Peer-to-Peer）の電子マネーがあるとしたら，それは金融機関を通さずに，一方から他方へ直接オンライン支払ができるものだろう）．

　論文のタイトル「Bitcoin：A Peer-to-Peer Electronic Cash System」からもわかるとおり，サトシはビットコインをピア・トゥ・ピアの電子マネーシステム（electronic cash system）とみなしている．ピアとは，地位や年齢，能力などが同じくらいの仲間のことである．仲間と仲間が対等につながりあって形づくるネットワークを，ピア・トゥ・ピア，略してP2Pという．

1.6　ブロックチェーンって何に使えるの？

　ブロックチェーンの特長をもう一度まとめると以下の四つになる．

① 誰にも不正な改ざんができない

② 管理者がいない（非中央集権的）

③ コストがかからない

④ 価値が変化しない

　これらの特長を活かして様々な分野で応用が始まっている．詳細は第3編にゆずるが，少しだけ紹介する．仮想通貨以外で，近年，盛り上がっているのが，NFTと呼ばれる分野である．NFT（Non-Fungible Token：非代替性トークン）は，簡単にいうと，ブロックチェーン技術を使って，写真や楽曲などデジタルアイテムに"これは唯一無二である"という証明をつける技術である．簡単にいえば，デジタルの印鑑みたいなものである．デジタルアートは，その性質上，いくらでもコピーができるため，オリジナルとコピー品では区別がつかない．よって，一度売買されるとそれ以上の価値の向上は望めない．そこで，"その作品やアイテムがオリジナルである"証明がつくと，人々の所有欲を刺激して価値がつく．最近，話題になったのが，2021年夏にデジタルアーティストのBeepleの作製した作品（Everydays The First 5 000Days）でその価格は約75億円で落札された．また，Twitter創業者ジャックドーシ氏の最初のツイートに約3.6億円の価格がつくなど，デジタルアート業界で激震が起きた．こうした活動に対して世界中の企業が参画しつつあり，日本でもLINEやメルカリ，GMOなど活動が活発化している．

　NFT技術の意義はそれだけではない．デジタルに限らず現実のアイテムでも，NFT化すれば，取引があるたびに記録が残り，利益の一部をクリエイター（創作者）にロイヤリティとしてフィードバックするという約束（契約）をブロックに書き込んでおけば，後に価格が10倍に上がっても，クリエイターに資金が戻り，支援することができる．特にライブができなくてコロナ禍で苦しむ音楽関係のアーティストにとっても朗報といえよう．すなわち，アーティストにとってデジタルが敵でなくなる時代が来たのだ．余談になるが，ひまわりなど，世界的に有名なゴッホの作品は，生前に売れたのはたった

1枚といわれている．NFT技術はクリエイターの保護や育成に役立つため，アートの世界の発展に大きく貢献するといえよう．

1.7　ブロックチェーンで世界がこう変わる！

人々の暮らしが多様化

最先端技術の活用

分散型の新たなネットワークへ

働き方が会社から個人へ

金融システムの変化

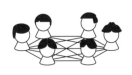

個人間のマーケット

図1・5　ブロックチェーンで世界はこう変わる

（ⅰ）　あらゆる情報を活用し，人々の暮らし方が多様に

　　これまでのインターネットでは，性別，年齢や趣味などあらゆる個人情報が色々なサービスを通して巨大IT企業に，握られていた．

しかし,ブロックチェーンでは,すべての情報の所有権が,ユーザー個人の手もとに戻り,自分の情報を価値として取り扱うことができるようになる.

(ii) P2P方式を用いた分散型の新しいネットワークへ

これまでのネットワークでは,中央に配置されたサーバによって色々なサービスが提供されてきており,クライアントサーバーシステムと呼ばれてきた.しかし,ブロックチェーンでは,ネットワーク上に存在するコンピュータが1:1で直接やり取りをするP2Pが基本で,そのシステムを中心としたネットワーク環境が広がってくる.お金の流れや価値観が変わる!

(iii) ブロックチェーンは金融システム全体に大きな影響

これまでのお金持ちが偉いという価値観が変わって,個人のもつデータすべてに資産的価値が認められ,仮想通貨やトークンといった報酬を得られる仕組みが出現する.

(iv) 最先端技術の活用範囲がさらに拡大

メタバースやAIなど注目されている最新の技術はブロックチェーンによって,その活用範囲を広げる役割を果たす.これらの技術は大企業が独占的に開発をすすめるイメージが強いが資本をもたない個人のアイデアが活かせる環境が整えられ,身近な場面での活用がどんどん広がる.

(v) 働き方が会社中心から個人中心に

私たちは就職するときに,「大企業では高い給料と安定した暮らしが得られる」,「ベンチャー企業では一発当てることができる」と考えてきた.しかし,ブロックチェーンは「会社に勤める」という一般常識を根底から覆す.個人の能力や興味によって,働き方や職種さえ色々選ぶことができるようになる.

⒱ 個人間取引のマーケットが活性化

インターネットの発達によって，情報のやり取りが活発になってきた．しかし，デジタル作品はコピーできるため価値を見出すことが難しかった．ブロックチェーンによって，デジタルアートや実物資産なども，手数料を安く，個人間で確実に取引することができる未来がくる．

1.8 ブロックチェーンはどういう分野で使われているのか

ブロックチェーンは幅広い業界のビジネスに応用できると述べたが，なかでもすごく大きな効果を受けると考えられるのが製造業だ．だれもが知るように現在のモノづくりは特定のメーカーにおいて閉じて行われているわけではなく，世界中の多く企業をまたいだ材料や部品の調達，加工・組立，在庫管理，配送などの工程が連なって成り立っている．この複雑なサプライチェーン全体の情報をブロックチェーンで管理することによって，今までにない高いトレーサビリティを実現することができるのだ．トレーサビリティとは追跡機能を意味するもので，何らかの問題が発覚したときに，どの関連企業のどのプロセスや部品に原因があったのか，迅速に特定できるようになる．

⒤ 医療業界：加入手続きのスピード向上や正確性向上，コスト削減につながる

医療保険業界では，保険手続きのスピードアップや正確性向上のためにブロックチェーンを活用しようという動きもある．申請内容や医療記録を一つ一つ確認し，照合している煩雑な手間を軽減することで，多大なコスト削減にもつながると考えられている．

(ii)　小売り・流通業界：記録が正確なので追跡能力が向上

　これらの分野もブロックチェーンの活用を熱く見守っている．例えば，農場，ブローカー，卸売業者，加工業者，小売業者，規制当局などが関わる非常に複雑なサプライチェーンによって食品の流通は成り立っている．そこにブロックチェーンを応用することで，生産者，品質，船積日，発送日，設備の安全証明など，今まで以上に記録を正確に保持し，追跡能力を向上することができる．世界では，マクレーン，タイソンフーズ，ウォルマート，ネスレ，ユニリーバ，ドール，ゴールデンステートフーズ，クローガー，マコーミック，ドリスコールといった大手食品会社や流通チェーンが，ブロックチェーンの利用に向けた活動を開始している．

(iii)　自動車業界：故障や問題が発生した場合，その発生元の早い発見ができる！

　ブロックチェーンを活用したトレーサビリティの確立に向けて，最も積極的な姿勢を見せているのが自動車メーカーだ．サプライチェーンを構成する部品メーカーや部分組立メーカー，さらには各種規制を管轄している公的機関まで含めたブロックチェーンを形成することで，例えば不具合や法令違反を起こした部品から，それを供給したサプライヤーや製造ロットを迅速に洗い出し，リコールを迅速化するなど大きな効果を発揮すると考えられている．また，ブロックチェーンで共有するデータは改ざんが不可能なことから，製品の品質や安全性の向上にも大きく役立つと期待されている．

(iv)　不動産業界：ブロックチェーンを活用したシステム構築で，確認作業の負担を軽減

　ブロックチェーンは不動産への応用も期待されている．例えば，ある住宅メーカーは，賃貸住宅の契約時に求められる金融機関によ

る審査や重要事項の説明など煩雑な確認作業の負担を軽減するため，ブロックチェーンを活用した賃貸住宅の物件情報管理システムの構築を開始した．

(v) **食品業界：食品の流通経路の見える化や安全性がさらに向上**

　ブロックチェーンは大手企業だけが利用可能な技術ではない．例えば，ある一般社団法人では，ブロックチェーン技術をベースとした食肉のトレーサビリティシステムの構築に乗り出した．食肉の加工データをブロックチェーンに記録して共有し，流通業者やレストランの料理人などが参照できるようにするものだ．何度も繰り返し述べてきたように，ブロックチェーン上に記録された情報のやりとりは簡単に改ざんできないため，自分の手もとに届いた食肉が適正な法令や手続き，規格に則った安心・安全な食肉であることを確認することが可能となる．ブロックチェーンは，このように多くの分野で大きな革命を起こしていく可能性が非常に高い．

1.9 ブロックチェーンによって働き方はどう変わっていくのか

　ブロックチェーンはビジネスを大きく変えるだけにとどまらず，将来的には会社組織の在り方や働き方そのものも大きく変えていくのではないかと予想される．

　これまでのような開発やマーケティング，営業といった役割のもと，部長・課長・係長・一般社員といった序列に基づいて指揮命令を行う階層型の組織では，急激に変化していくビジネスに迅速に対応することができない．例えば，化粧品メーカーが化学薬品事業に新規参入することを考えた場合どうだろう．組織再編が完了するビジネスを円滑に回すことができず，それまでには相当な時間がかかってしまう．

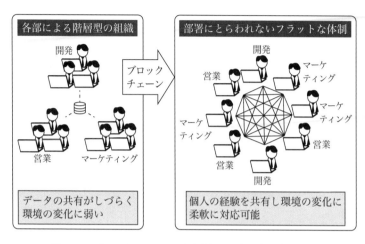

図1・6 ブロックチェーンがビジネスの在り方を変化する

　これに対してブロックチェーンを使って，それぞれの人材がもっているスキルや知識，嗜好などの情報を相互に共有すれば，個人単位の情報に基づいたフレキシブルなプロジェクトを実行することができる．その時々でもち上がった特定の課題に対して，そこで必要とされる人材を動的につないでベストチームを形成するのだ．

　そして最終的には，会社からピラミッド構造そのものがなくなるとみる分析者もいる．現在のように管理者が部下の動きを制御するよりも，自律的に動く個人が連携しあったほうが，はるかに有意義に目標を達成できるという考え方ができるのだ．つまり，自分から行動できる個人は特定の組織や会社に所属する必要はない．こうして実現すると予想されるのが，DAO（Decentralized Autonomous Organization）と呼ばれる自律分散型の組織形態だ．DAOに関しては，3.6章で詳しく説明する．もちろん，この推測どおりに社会や会

社が変わっていくかどうかはわからない．しかし，色々な可能性をもった未来を想像しつつ，自分の働き方を考え直してみることも大事だ．ブロックチェーンはそんなヒントを僕たちに与えている．

　このようにブロックチェーンは多くの企業にインパクトを与え，仕事を大きく変えていくことになる．自分たちが関わっている業種や業界にどういう影響や変化が現れてくるのか，今後の動向を注意深く見つめていくことが重要だ．

1.10　SDGsとブロックチェーン

　ブロックチェーンは，SDGsにもすごく貢献する技術である．「SDGs（エスディージーズ）」とは，2015年に国連が全会一致で採択した「Sustainable Development Goals（持続可能な開発目標）」の略称である．「貧困をなくす」，「気候変動に具体的な対策を」，「産業と技術革新の基盤をつくる」といった17項目と，それらを達成するための具体的な169のターゲットで構成されている．

図1・7　ブロックチェーン×SDGs

　ブロックチェーンがどのようにSDGsに貢献しようとするのか具体的に見てみよう.

(ⅰ)　ブロックチェーン×SDGsの事例：①金融

　世界には銀行口座をもっていない, または銀行サービスにアクセスできない人が17億人以上存在している. 他方で貧困国では40 %の世帯が出稼ぎ家族からの送金に依存している. ブロックチェーンを活用した低コストの送金ネットワークとモバイルアプリが展開されている. さらにブロックチェーンを土台とした信用情報機関の構築を目指すプログラムも予定されている.

　ブロックチェーンを活用した送金ネットワークとモバイルアプリが開発されている. このアプリを使うことで出稼ぎ労働者は遠い実家に帰宅する手間なく, 迅速かつ簡単に送金を実現できる. セルビアのニシュでも送金システムを構築し, 海外在住の出稼ぎ労働者向け決済ネットワークの構築とデジタルIDの開発及び提供をしている.

(ⅱ)　ブロックチェーン×SDGsの事例：②エネルギー

　世界では10億人以上が十分な電力にアクセスできていない. 太陽光発電などの再生可能エネルギーやスマートメーターなどのIoT機器にブロックチェーンを活用することで電気の販売ネットワークが構築されている. 電力自給率の低い東ヨーロッパのモルドバでは, ソーラーパネルを設置して電力の地産地消及び余剰電力の販売ネットワークを構築し, 地域活性化が実現されている.

　さらに電力トークン化マーケットプレイスを提供する会社は, パネル所有者が電力を外部の企業・学校・家庭などに提供した際に対価としてSolarCoinを受け取れる仕組みも構築している.

(ⅲ)　ブロックチェーン×SDGsの事例：③生産と流通

　サプライチェーンの過程にブロックチェーンを導入することでト

レーサビリティの向上が期待できる．特にフェアトレードの文脈やグローバルに生産・仕入・流通が期待できる領域ではブロックチェーンの活用が今後も積極的に期待されている．エクアドルのカカオ農家ではチョコレートのフェアトレード基盤をブロックチェーンを用いて構築されている．

　農園のカカオから生産されたチョコレート菓子のパッケージにQRコードが記載されており，消費者はこのQRコードから生産者や流通情報を確認し，かつ，トークンにより農家に対して直接支払もできる．

　IBMもブロックチェーンを活用したコーヒー豆のフェアトレードに取り組んでいる．チョコレート，コーヒー，ダイヤモンド，繊維など様々な分野で導入が期待される．

⒤　ブロックチェーン×SDGsの事例：④環境保護

　環境保護領域においても，環境投資をしたことを証明するトークンなどによりCSR活動の蓄積がブロックチェーンに記録されるようになっている．環境のための活動をしたことが，いつ，どれだけ行ったかなど証明になる．

　世界遺産にも指定されているレバノンのレバノン杉の植林に対して貢献すると，報酬としてCedarCoinというトークンが配布される．CedarCoinの購入履歴により自然保護への貢献を可視化・証明してくれるためCSRの観点で同トークンに需要が生まれてくる設計になっている．

⒱　ブロックチェーン×SDGsの事例：⑤人権

　世界に7 000万人以上いるとされる難民のなかには正式な出生証明をもっていない人も多くいる．そうした人は医療や配給，教育，金融サービスなどを受けることができない人もいる．こうした点を

ブロックチェーンを活用して解決する取組みもある.

WEP（国連世界食糧計画）はブロックチェーン技術を活用し，ヨルダンのシリア難民向けに生体情報（眼球の虹彩）ベースのデジタルIDシステムを構築した．難民は虹彩認証を通じてモノやサービスを享受することが可能となった．WFPはこのプログラムを通じて，既存のアナログの方法に比べて金融サービスに関連する管理コストを98％カットし，よりスムーズに医療・食品・教育などの提供に成功したとされている．

世界に7 000万人以上いるとされる他の地域での難民にも同様の展開が期待される．他にも土地の所有者情報の登録先としてブロックチェーンを活用し，自然災害による所有権紛失のリスクを排除する取組みなどもある.

⑹ ブロックチェーン×SDGsの事例：⑥寄付の透明性

寄付をしても実際に支援者から支援先に対して寄付金が届けられたかどうか，中間搾取がどれだけされたのかが不透明なことが多かったが，ブロックチェーンを活用することで透明性の担保と送金における仲介者の排除が実現できる．

寄付の透明性を担保するためにもトークンを活用した寄付およびブロックチェーン技術の活用が求められている．UNICEF暗号通貨ファンドなど暗号資産で寄付をしたものが寄付先にも暗号資産で支援されるケースが増えてきている．同ファンドではメキシコの医療プロジェクトやアルゼンチンの資金調達プラットフォーム，チュニジアのソーシャル・ガバナンスツールなど複数のプロジェクトに投資を行っている．なお，UNICEF暗号通貨ファンドにはEthereum Foundationが最初の寄付者として加わっている．

(vii)　ブロックチェーン×SDGsの事例：⑦新しい家族の形

　法律上では夫婦・親子と認められない世界中の夫婦・親子が家族としての当たり前の権利やサービスを受けられないという課題を解決するためにブロックチェーン技術を活用して家族関係証明書を発行する．この家族関係証明書により，家族関係が社会的に認められ，また一般的な家族だと当たり前に受けられるサービス（携帯電話の家族割り，生命保険の受取人，手術の同意書サインなど）を受けられるようになる．

1.11　本編のまとめ

　本編では以下の内容を紹介した．ブロックチェーン技術は，仮想通貨であるビットコインを誕生させるための技術であったが，①改ざんができない，②処理が確実で透明，③システムが超安定，④管理者が不要で平等などの特長から，様々な分野に応用されている．その応用として，デジタルな作品に価値をつけるNFT技術を生み出すことになった．NFTはクリエーターを保護し，ネット上でデジタルなモノだけでなく希少価値のある作品や文化を保護したりグローバルな取引を可能にしたりしている．

② ブロックチェーンの基礎

　本編では，ブロックチェーンがどのような仕組みで構成させているか，わかりやすく説明する．ブロックチェーンがビットコインを誕生させた基本的な仕組みであることは，第1編で述べたが，では具体的にどんな仕組みであるか，詳しく見てみよう．

2.1 ブロックチェーンは「分散」してみんなでチェックしあう台帳

　ブロックチェーンとは，ネットワークに接続した複数のコンピュータ（参加者）が，同じ取引記録を共有するデータベース（記録帳，台帳）

プログラム化
されて自動的
に実行される
契約

スマート
コントラクト

暗号化技術

コンセンサス
アルゴリズム

分散ネットワーク
上の複数のノード
が合意形成する
アルゴリズム

公開鍵暗号
電子署名
ハッシュ関数

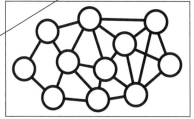

各ノードが対等
に直接通信する
方法

P2P ネットワーク

図2・1　ブロックチェーンを支える特別なテクニック

のことである．専門的な表現をすると「分散型台帳（DLT：Distributed Ledger Technology）」といわれるが，取引された記録をブロックにして，それを時間の順番に鎖（チェーン）で並べたものをブロックチェーンと呼んでいる．ここでいう「分散」とは，物理的にも権力的にも分散している（集中していないバラバラの状態）という意味である．つまり，参加者は別々の場所で平等な立場でこの取引のデータを台帳として書き上げる作業に参加しているということになる．この作業がとても安全であるのはなぜか，その画期的な仕組みを見てみよう．ブロックチェーンは大きく分けて，四つの特別なテクニックから構成されている．

　①分散型台帳P2Pネットワーク，②暗号化技術，③コンセンサスアルゴリズム，④スマートコントラクトの四つ．その内容を詳しく見てみよう！

2.2　分散型台帳／P2Pネットワーク

　P2Pとは，Peer-to-Peerの略で，専門的にいえば，対等な関係のノードで構成された情報システムのネットワーク形態のことである．簡単にいえば，参加者が平等にそれぞれ直接つながっており，内容の確認をみんなで行うという仕組みのことである．銀行のように，特定の管理者がいないということ．不特定多数の端末（スマホなど）がサーバを介さずに，端末同士で直接データファイルを共有することができる通信技術，またはソフトウェアのことを指す．

　「Peer」には，「対等な立場で情報共有を行う端末」という意味があり，ネットワークに接続している端末のことを「ノード」と呼ぶことがある．そして，P2P技術を用いて，ノードが接続し合っているネットワークを，P2Pネットワークという．

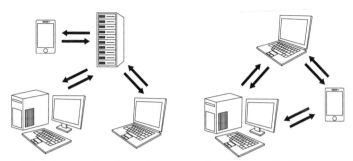

クライアント・サーバシステム　　Peer to Peer（P2P）システム

図2・2　ネットワークシステムの比較

　従来の通信技術では，図2・2の左図に示すようにクライアントが情報を保管しているコンピュータ（サーバ）にアクセスし，情報を要求することで，他のクライアントと情報共有を行っている．情報を要求する端末のことを「クライアント」と呼ぶことから，この通信技術を，「クライアント・サーバシステム」という．

　図2・2の右図に示すように，P2P技術には，ノードを対等につなぐことでデータを分散管理する特徴がある．分散管理することで，端末にかかる負荷も分散させることができる．多くのWEBサイトでは，このクライアント・サーバシステムが採用されている．従来のネットワークではアクセスの集中により回線が重くなり，処理速度が落ちてサーバダウンし，サイトにアクセスできなくなってしまうことがある．このように，サーバダウンによりサイトにアクセスできなくなる状態を，「ダウンタイム」という．P2P技術では負荷が分散されているため，クライアント・サーバシステムに比べて回線が軽くて，処理速度も速く，サーバダウンすることがない「ゼロダウンタイム」を実現することができる．そして，P2P技術では，ネッ

トワーク上にデータが分散されているため，すべてのノード情報を把握されにくく匿名性を確保しやすくなっている．P2Pネットワーク利用者のプライバシーを守ることができ，安心してネットを利用することができる．

2.3 暗号化技術ってなあに

では，ブロックチェーンに書き込まれている情報の安全性をどうやって守っているのか，ここで使われている暗号化技術について詳しく見てみよう．

取引データ（履歴）である「トランザクション」には，「何月何日にAさんからBさんへ○○円を送金した」という内容のデータが記録され「ブロック」になる．このデータはオープン化されているため，誰でも確認することができる．しかし，トランザクションの「具体的な取引内容」はハッシュ関数によって「暗号化」されている．

ハッシュ関数とは，もとになるデータから一定の文字数の不規則な文字列（ハッシュ値）を生成する関数である．同一のデータであれば

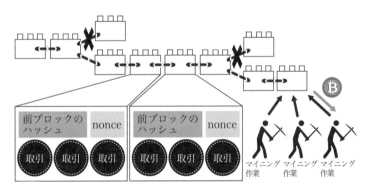

図2・3　ブロックチェーンの基本構造

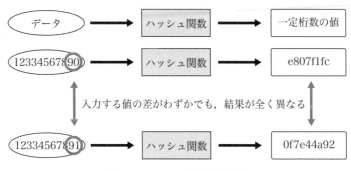

図2・4　ハッシュ値（暗号技術）

同じハッシュ値が生成されるが，少しでも違えば，まったく異なる
ハッシュ値が生成される．また，生成された文字列から，元のデー
タを読み取ることができない「不可逆性」をもっているのが特徴で
ある．

　各ブロックデータには，ハッシュ関数によって暗号化されたトラ
ンザクションと直前のブロックデータのハッシュ値が含まれてい
る．直前のハッシュ値と，「ナンス値」という特別な数字を見つけ出
すことにより整合性を取ることができ，ブロックがブロックチェー
ンへ新たに追加される流れを「承認」という．ナンス（nonce）とは，
「number used once」の略で，「一度だけ使われる」という意味であ
る．これから書き込む情報のなかに，直前の情報をうまく組み入れ
ているので，後から改ざんできない仕組みになっている．

2.4　コンセンサスアルゴリズム（合意の方法）

　ブロックチェーンには，管理者がいないため，参加者のみんなで
管理者の機能を果たす必要がある．そのときには，ある種ルールの

ようなものをつくり，そのルールにのっとって取引が正しいかどう
かを判断し，承認を取っていく必要がある．その全体のルールみた
いなものがコンセンサスアルゴリズムである．そのアルゴリズムは
色々提案されており，PoW（プルーフ・オブ・ワーク），PoS（プルー
フ・オブ・ステーク）などがある．有名なビットコインはPoWを採用
している．

　具体的には，こんな感じで進められる．取引台帳が1ページ分た
まったら，参加者で中味の確認作業をして台帳に綴じられるときに，
システムからクイズが出題される．その確認作業する人をマイナー
と呼ぶが，競争しながらその回答を探し（マイニング作業），一番速く
正解を見つけた人には報酬（コイン）がプレゼントされる．

　このように取引の記録は，複数のマイナーによるマイニングに
よって成り立っている．通常，マイナーたちは同じトランザクショ
ン（情報のやり取り）の記録や計算処理を行っているため，マイナー
ごとの処理の結果はまったく同じになるはずである．しかし，実際
には多少の計算ミスや，悪意のあるデータの改ざんなどが含まれて
おり，全員の答えが一致しない場合がある．コンセンサスアルゴリ

図2・5　マイニングの種類

ズムは，そのような最終的なトランザクションの処理の結果がマイナーごとに異なった場合に，どのマイナーの結果を正しいと処理するかを決めるアルゴリズムである．処理結果が正しいとされるということは，マイニングの際に発生するマイニング報酬が付与されることも同時に意味する．このような誰が正しいかを決めるという意味合いから「コンセンサス（意見の一致，合意）」という言葉が使用されている．

（i）　PoW の仕組み

　PoW の仕組みは，大量の計算問題を速く解いたものがブロックを生成する権利を与えられ，ネットワーク上から決まった量の通貨（コイン）が付与されるというもの．PoW ではとにかく速く計算をすることが重要であるため，現在では多くの企業が高性能なマシンを導入し，大量の電力を消費しながら大規模なマイニングが行われている．ビットコインでは，参加者の数に合わせて，問題の難易度が調整され，トランザクションが承認される時間が一定になるような仕組みになっている．

（ii）　PoS の仕組み

　PoS とは，PoW とはまったく異なるコンセンサスアルゴリズムの仕組みである．PoW は膨大な計算問題をとにかく速く解くことが重要だが，PoS は簡単に説明すると「コインを多く，かつ長くもっているものに報酬が与えられる」という仕組み．「コインの保有量と保有年数（Coin Age）」によって決まるアルゴリズムなので，PoW のように膨大な計算が必要なく，かつ近年大きな問題となっている電力消費も大きく削減できるとされている．実際，PoW から PoS へ移行するイーサリアム 2.0 が完了することで，電力消費を 99.95 ％削減できると期待されている．

ⅲ PoW のメリットとデメリット

PoW の大きなメリットとしては，セキュリティ（悪意のある攻撃）に強いことが挙げられる．というのも，PoW を採用するブロックチェーンの改ざんを行うためには，世界中でマイニングを行うマイナーたちの計算能力を上回る必要がある．しかし，これは非常にコストパフォーマンスが悪く現実的ではないため，改ざんするくらいなら普通にマイニングを行って報酬を受け取る方が良いことは間違いない．また，PoW はネットワークに参加するマイナーの数が多くなるほど強力なセキュリティを発揮するようになるので，暗号資産の価値が高まるごとにより強固なものとなるメリットもある．PoW のデメリットとしては，先ほども少し紹介した「消費電力の多さ」が挙げられる．PoW では膨大な計算をする必要があり，性能の高い機械を動かし続けることになるため，今ではビットコインの年間消費電力が一国の消費量を上回っているほどである．また，PoW は「51 ％問題」という課題も抱えており，悪意のあるマイナーたちによってネットワークの半数以上の処理が支配されることで，ブロックチェーンが改ざんされてしまう可能性が議論されている．可能性としては大きくないが，もし 51 ％以上の計算能力をもつ悪意のあるマイナーに支配されてしまうと，理論上は改ざんが行われてしまうという懸念があることは間違いない．

ⅳ PoS のメリットとデメリット

PoS は PoW の課題を解決したコンセンサスアルゴリズムであるため，PoW のデメリットを改善していることが最大の特徴である．PoS は複雑で膨大な計算をする必要がないため，消費電力を大きく削減できるメリットがあり，PoW の課題でもあった「51 ％問題」にも非常に強い特徴がある．というのも，PoS は「多くのコインを長

い期間に渡ってステーキングすること」が重要であるため，51％を支配するためには膨大な枚数のコインを長い期間保有し続ける必要がある．また，もし仮に51％を支配できたとしても，改ざんを行うことで保有しているコインの価値が減少してしまうので，そもそも攻撃を行うメリットが一切ない．一方，PoWの問題点を解決した仕組みがPoSだが，デメリットがないわけではない．ここまででも解説したように，PoSでは「多くのコインを長期間保有すること」が大切であるため，通貨の流動性が損なわれてしまうという懸念が議論されている．やはり，多くの人々の間で取引されることが通貨にとっての存在意義でもあるため，これからのPoSの大きな課題点といえるのではないだろうか？

2.5　スマートコントラクト

　「ブロックチェーン」上で，人の手を介さずに契約を自動実行させる仕組みを「スマートコントラクト」という．スマートコントラクトは，自動販売機に例えると理解しやすい．契約成立のための条件と

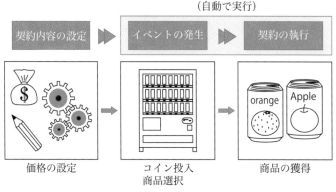

（自動で実行）

| 契約内容の設定 | イベントの発生 | 契約の執行 |

| 価格の設定 | コイン投入
商品選択 | 商品の獲得 |

図2・6　スマートコントラクトの仕組み

は「商品に表示されている料金以上のお金を投入し，商品のボタンを押す」であり，実行とは「その商品が出てくる．おつりがあればおつりが出てくる」ことにあたる．

2.6 ブロックチェーンはすべての取引履歴が公開されている

ビットコインの売買など，ブロックチェーンに記録されているすべての取引履歴は，だれでも「Blockchain.info」から確認できるのが特徴である．上記で説明した，10分単位で承認されたブロック内に含まれる「取引件数」，「取引されたビットコインの量」，「ハッシュ値」，「前ブロックのハッシュ値」を時系列に確認できる．ここでは，ハッシュ値によって暗号化されているため，取引の「履歴」として記録されても，「内容」の詳細は確認できないので安心できる．むしろ，時系列がオープンになっていることは，不正を防ぐための役割の一つといえるだろう．

2.7 絶対に壊れないシステムをどうして実現しているのか？

ブロックチェーンは，お金や重要な書類を扱うので，絶対に壊れてはいけないし，止まってもいけない．では，どうして実現しているのかというと，「少しぐらい調子が悪くても平気な仕組み」をつくっている．つまり，「同じ機能のパーツを複数準備しておき，いつも同じ動作を処理させていれば，もし，万が一，そのパーツが1個壊れても大丈夫」と考えている．具体的には，コンピュータをたくさん準備しそれぞれをネットワークでつないでおき，そのコンピュータに同じ情報をコピーして共有させておけば，一つや二つぐらい壊れても大丈夫ということになる．このような発想に基づいてつくられたシステムは一般に「分散型システム」と呼ばれる．分散型システム

は何もブロックチェーンだけの特別な技術ではない．一般的な業務システムやウェブサービスなどでも普通に使われるシステムである．

2.8 ブロックチェーンの種類

ブロックチェーンは，これまで管理者がいないと述べてきたが，完全にいないのはビットコインの世界だけで，分野や用途によっては，ある程度管理者がいたほうが便利なケースもあるため，あるいは，ブロックチェーンの欠点を補完するために，いくつかの形が存在している．図2・7に示すようにブロックチェーンは大きく「パブリック型」，「プライベート型」，「コンソーシアム型」に分けることができる．

(i) パブリックブロックチェーン

「パブリック型（パブリックブロックチェーン）」は，中央集権的な管理機関をもたず，不特定多数の誰でも自由に参加でき，誰でもマイニングに参加できるブロックチェーンを指す．ここまで，ブロックチェーンは管理者がいないことを大きな特長と述べてきたが，完全なパブリックブロックチェーンはビットコインだけである．パブリックブロックチェーンはインターネットに接続できる人であれば，誰でも許可なく取引に参加できる，管理者が存在しないブロックチェーンである．ブロックチェーンの基本形ともいえるモデルであり，ビットコインをはじめ，ライトコインなど多くの仮想通貨がこの種類である．パブリックブロックチェーンは完全にオープンであることが特徴で，管理者がいなくてもマイニングと呼ばれる膨大な計算による承認によって取引の正当性が担保される．情報共有と相互監視によって，信用できる管理者が不要な非中央集権型のネットワークを成立させているわけである．そのメリットは誰でもデータを参照で

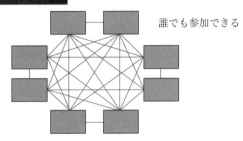

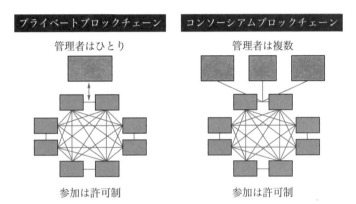

図2・7 いろいろなブロックチェーン

きるので，透明性が高いこと，管理者や管理組織の意向に左右され
ないこと，参加者がいる限り取引が止まらないことなどである.

　反面，新しい情報を書き込むための合意形成を行うには多くの処
理と時間を要する. そのためスピーディに大量の取引を行うサービ
スには向かないとされている. 実際，ビットコインのブロックの承
認ではブロックサイズが制限されていることから約10分の時間がか
かる. この処理速度が低下する問題は「スケーラビリティ」による課

題として知られている.

(ii) プライベートブロックチェーン

　「プライベート型 (プライベートブロックチェーン)」は, 管理者がいるのが特徴. マイニングを行うためには, 管理者の許可によってコントロールできるため (パブリックブロックチェーンはマイナーの賛同を得なければならない), 金融システムの管理などに活用できる. パブリックブロックチェーンだと, 悪意をもった人でも拒めないので, 多数決による合意形成が極めて重要になる. この点, プライベートだと参加者があらかじめ決まっていて, 悪意があるとみなされる人はそもそも入れないから, 合意形成をとりやすい. プライベートブロックチェーンは, 特定の管理者 (運営者) が存在する, 限定されたユーザーのみが利用できるブロックチェーンである. プライベートブロックチェーンは中央集権型のネットワークである. 透明性はないものの, 外部に公開されないためプライバシーが確保され, 閉じたシステム内でブロックチェーンにデータを格納できる. 何より不特定多数のノード間で合意形成を行う必要がなくマイニングも行わないため, 大量の処理が必要な場合でも迅速に対応で決まる. 一方, 管理者が独断的にルールを変更することが可能で, また管理者に何らかの問題や障害が生じたときにはシステムが成り立たなくなるおそれがある. こうした特徴からプライベートブロックチェーンは単体の企業や組織内での用途に向いているとされ, とくに金融機関が活用を推進している.

(iii) コンソーシアムブロックチェーン

　「コンソーシアム型 (コンソーシアムブロックチェーン)」は, 複数の管理主体が存在するブロックチェーンである. コンソーシアムブロックチェーンは, パブリックブロックチェーンの分散性という優れた

特徴とプライベートブロックチェーンの迅速な大量処理が可能という機能を兼ね備えたモデルである．管理者が複数存在するためルール変更についても一定数以上の合意が必要となり，セキュリティや耐障害性もプライベートブロックチェーンに比べると強固である．改ざん耐性や分散台帳といったパブリックブロックチェーンの利点も受け継いでいる．そのためコンソーシアムブロックチェーンは同業他社が協力して構築するブロックチェーンに活用され始めている．また，コンソーシアムブロックチェーンで運用される仮想通貨も存在している．

2.9　進化するブロックチェーン技術

　ブロックチェーンの開発はオープンソース文化のため，先行するブロックチェーンの課題を解決した新しいブロックチェーンが次々に登場していく．

(i)　ブロックチェーン1.0／主な用途（通貨・ペイメント）

　ブロックチェーン1.0とは，ビットコイン形式で表示される最初のブロックチェーンモジュールのことである．ビットコインが提唱した「P2Pでのお金のやり取り」というテーマに集中し，用途を絞り込みプロトコル層のみで完結するモデルのブロックチェーンである．PoWのコンセンサスプロトコルをベースに，ブロックの生成にかかる時間や，ブロックチェーンの透明性・匿名性を調整したものが，主にこの分野のブロックチェーンになる．

(ii)　ブロックチェーン2.0／特長（多機能プラットフォーム）

　元々ビットコインのために発明・開発されたブロックチェーンを暗号通貨以外へ応用する取り組みのことを，「ブロックチェーン2.0」と呼ぶ．ここで誕生した重要な概念がスマートコントラクトといわ

表2・1 ブロックチェーン技術の進化

	コンセプト	特 徴	適応分野	応用事例
ブロック チェーン 1.0	暗号資産を実現する ための技術	仮想通貨，分散型台 帳，プロトコルによっ て構成される原始的 なブロックチェーン	価値情報の移転を記録 する	・bitcoin ・Dogecoin ・Litecoin ・Monacoin
ブロック チェーン 2.0	通貨以外の取引・権 利をブロックチェーン に記録する技術	財，サービスなどの 権利の所在と移転や 取引，手続の履歴等 を記録する	通貨以外の金融分野 （決済，送金，株式， ローン）	・Orb ・NEM ・Ethereum ・Hyperledger Fabric ・mijin
ブロック チェーン 3.0	プログラムをブロック チェーンに記録し動 作させる技術	通貨，金融，リーガ ルといった領域の上 位に金融以外のサー ビスを載せたもの	サプライチェーン 登記・特許 トレーサビリティ 投票 ID・個人管理 スマートシティ（IoT）	・Hyperledger Iroha ・悟 Satori ・IOTA ・Everledger ・Cargochain

れる，コンピュータプログラムである．スマートコントラクトとは 自動的に実行される自律型コンピュータプログラムであり，契約の 履行の円滑化，検証，または実施などの機能を備えている．スマー トコントラクトテクノロジーのもつ大きな利点は，ブロックチェー ンによってスマートコントラクトを改ざんまたはハッキングするこ とが不可能であることである．この分野で最も有名なのは，スマー トコントラクトの実装を可能にすることを目的としたイーサリアム ブロックチェーンである．

(iii) ブロックチェーン3.0／特長（多機能＆高効率プラットフォーム）

これから注目を集めていくのが，イーサリアムをベースにコンセ ンサスのルールや手順を改良してそれらが抱えた問題を根本的に解 決するように開発された，次世代型のプラットフォーム型ブロック チェーンである．これをブロックチェーン3.0と呼ぶ．

2.10 ブロックチェーンの課題

　ブロックチェーンにも下記に述べるいくつかの課題があり，その課題を克服するため新たな試みが日々なされている．

(i) スケーラビリティ問題

　取引の増加に伴い承認に遅延が生じる問題のことである．これはビットコインのような極めてユーザー数の多いパブリックブロックチェーンで起こりやすい問題の一つで，一つのブロックに記録できる量が限られているために発生する．ビットコインが登場した直後はユーザー数が限られていたが，仮想通貨に注目が集まるようになりユーザー数と取引量は爆発的に増加した．そのため処理速度も低下し，決済や送金をしてから完了するまでに遅延が生じるようになった．

(ii) 51％攻撃

　51％攻撃とは，特定の個人またはグループがブロックチェーン上の過半数を超える処理能力をもち，不正な取引を実行するというものである．パブリックブロックチェーンでは不特定多数のノードが多数決で取引内容の承認を行っている．そのため，仮に誤った計算結果であったとしても，過半数を超えれば承認されてしまうという問題をはらんでいる．51％攻撃が実際に起こると，例えば仮想通貨の決済を妨害する，特定の取引において二重に決済されてしまうなど，様々なトラブルが想定される．

(iii) 記録されたデータを削除できない

　ブロックチェーンの「データの書き換えができない」メリットは，裏を返せば「書き込んだデータを削除できない」というデメリットにつながる．うっかり個人情報を書き込んだり，アドレスを間違えて送金したりしてしまった場合は，処理のやり直しや取り消しができ

スケーラビリティ問題

記録を削除できない

51% 攻撃

法的問題

図2・8　ブロックチェーン技術の課題

ない．ブロックチェーンを使用する際は，「すべての情報が記録される」ということを念頭に置き，注意しながら使う必要がある．

(iv)　**法的問題**

運用を実現するために，今の社会的仕組みを変更しなければ解決しない課題もあるため，国や政府を巻き込み法律を変える必要があり，そのための検討や調整に数年単位の時間がかかる可能性が出てくる．重要なデータであればあるほど，厳しく制限することで部外者の進入を防ぐのは安心につながる一方，法律がイノベーションの足を引っ張ってしまう点が懸念されている．

2.11　本編のまとめ

本編では，ブロックチェーンの仕組みを紹介した．ブロックチェーンは，情報をまとめて時系列に並べたものであるが，①個人間の取引であること，②暗号化技術を使っていること，③コンセンサスア

ルゴリズムを使っていること,④契約を書き込むことができる,といった特長を有することで,グローバルにネットの上でお金を発行できたり,送金できたりすることができるようになった.ブロックチェーンを構成するメンバーの規模によって,完全にオープンなパブリックブロックチェーンや,ある程度参加者を限定したプライベートブロックチェーンなどが存在する.パブリックブロックチェーンの一つであるビットコインでは,決済に時間がかかるスケーラビリティという課題ももっている.

③ ブロックチェーンの応用

3.1 仮想通貨

　一般的に，ブロックチェーンといえば，ビットコインを思い出す人が多いと思うが，ビットコインはブロックチェーンの応用技術の一つである．ここでは，ビットコインの誕生からの歴史について，紹介する．また，アルトコイン（ビットコイン以外の仮想通貨）の代表選手であるイーサリアムについても紹介する．

（i）ビットコインの誕生

　リーマンショックによって，世界経済が混乱に陥った2008年10月31日ニューヨーク時間午後2時10分にサトシ・ナカモトと名乗る人から，暗号に関心をもつ人たちのメーリングリストに，1本のメールが届いた．そのメールには，"第三者機関を介さない完全P2P方

図3・1　正体不明のサトシ・ナカモト

式の新しい電子マネーの仕組みを考えたよ"というメッセージに加えて，このシステムを説明する論文のリンクが貼られていた．この論文の内容に関心をもつ世界各国のプログラマーの有志は，実際にプログラムをつくってこの仕組みを実現した．

　論文発表から3か月後の2009年1月，サトシ・ナカモトがビットコインシステムのスイッチを押した．この日からすべてが始まったが，この時点でビットコインは世界のどこにも存在しなかった．普通の通貨であれば，中央銀行が紙幣を刷って発行するが，ビットコインの場合は，コインを発行するのはシステム！　そのシステムの中心にあるのが，サトシ・ナカモトが発明したブロックチェーンだった．

　ビットコインが誕生したときは最初のページしかなかったが，1枚ずつページが綴じられていて今では75万ページになっている．つまり，この記録帳を見ると10年間のビットコインのすべての取引が見返すことができるようになっている．そしてこの記録帳は誰でもコピーをもつことができて，定期的に最新版に更新されるから不正や改ざんがあれば，すぐにみんなで発見できる．こんな感じで，ビットコインは政府や中央銀行ではなく，みんなでコインをつくり出し，みんなの参加で取引が成立する，みんなの協力で不正を防ぐ，抜群の安全性をもった"みんなの，みんなによる通貨システム"になっている．けっこう壮大なプロジェクトであるが，システムが始まった時点ではマイナーはサトシひとりだけだった．10分ごとに50ビットコインをマイニング（承認作業をすることでコインを獲得すること，後で詳しく説明）して最初の6日間で4万枚以上を一人で獲得した．しかし，通貨はみんなで使って価値の出るシステム．サトシがメールで参加を呼び掛けるとアメリカのプログラマーであるハル・フィニーが2人目のマイナーとして参加した．彼はサイバーパンク運動

のメンバーでビットコインの自由主義的なシステムに惹かれたといわれている．このような感じで，マイナーがどんどん増えていった．サイバーパンクとは，国家による権力濫用と国民監視を阻止するために，暗号技術の活用を推進するプライバシー保護活動家を指す．

⑪ ビットコインの発行される仕組み

　簡単にいうと，ブロックチェーンは1冊の記録帳といえる．ページには，それまでの送金記録がすべて書かれていて，平均して10分に1ページずつ新しいページが綴じられていく．新しいページが綴じられようとするとシステムは難しい"数当てゲーム"を出してくる．簡単にイメージするとあらかじめ決められている当たり番号を当てるゲーム．当たり番号を当てたら，ページが綴じられる仕組みになっている．このゲームは誰でも，何回でもチャレンジ可能で，一番先にクリアした人にご褒美としてビットコインがプレゼントされる．ちなみにゲームクリアでページを綴じることをマイニング，これをする人をマイナーと呼ばれている．マイニングに必要なのは，みん

ビットコインの金融システム

みんなでコインをつくる
みんなが参加できる
みんなで取引を成立させる
みんなで不正を防止

枚数制限 2 100 万枚

50 BTC
⬇
25 BTC
⬇
12.5 BTC
⬇
6.25 BTC

4 年ごとの
報酬の半減期

図3・2　ビットコインの特長

ながもっているパソコン．協力したい人がパソコンのパワーを提供して行っている．システムの設計上，マイニングだけが唯一ビットコインを発行できる方法になっている．この世で最初に発行されたコインもサトシがマイニングしたことで誕生した．このプレゼント付き数あてゲームは，24時間365日休みなく平均10分おきに開催中であるが，大事な設定をサトシはつくっていた．一つはビットコインの上限が2 100万枚と決められていること．この発行枚数が決まっているため，金と同じように希少性が高いといわれる．マイニングでもらえるコインの数が4年ごとに半分になっていく設定．少しでもたくさんもらえるうちにマイニングしようと，今この瞬間も世界中のマイナーが躍起になって，参加している．この記録帳がよくできていて，送金記録を書いた紙が綴じられたときに初めて送金が完了．そして誰から誰に送金されたかは，暗号技術によって匿名性が確保されている．

（iii） 初めてのリアルなお金との交換や初めての買い物

2009年10月12日，ビットコインに転機が訪れたのは誕生から9か月後，フィンランドの大学生，マルティ・マルミがマイニングで獲得したビットコイン5 050枚をおよそ5ドルで交換．レートは1BTC=0.1円，これはマイニングにかかった電気代に相当する．いわばマイニングにかかった費用である．今から考えるとびっくりするほど安いけど，ビットコインが普通のお金と交換された初めての歴史的な出来事だった．

そして，交換の次は買い物が行われた．アメリカのプログラマーであるラズロ・ハニエツは，画期的なマイニングの手法を編み出し，サトシに注意されるほど荒稼ぎした人物．2010年5月22日，ラズロが「ビットコイン10 000枚でピザ2枚を配達してくれない？」という

2010 年 5 月 22 日
10 000 BTC でピザ
を 2 枚注文

図3・3　ビットコイン・ピザ・デー

メールを投稿，好みのピザの情報もしっかりと書いていた．4日後，メールに応えるユニークな人が現れて，ラズロのもとに2枚のピザが届いた．このピザ，現在の価格で1枚なんと250億円．この買い物が成功した5月22日を暗号資産のコミュニティでは，ビットコイン・ピザ・デーとしてお祝いしている．ビットコインは交換に買い物，通貨としての可能性を証明．そのころは遊びとして参加している人が大半で，ビットコインのコミュニティは素朴で穏やかな雰囲気だったといわれている．

(iv)　創始者サトシ・ナカモトの失踪

　ビットコインの価値が認識されるきっかけとなった事件をいくつか紹介しよう．2011年4月16日，アメリカのタイム誌がビットコインの可能性を非常に詳しく紹介した．大手の有名なメディアの記事に掲載されたことで一気に注目が集まり，数百円で売買されていた

ビットコインの値段が10倍の3 500円に跳ね上がった．この急な価格上昇から数日後，創始者サトシ・ナカモトからコミュニティのメンバーにメールが届いた．これからは他のことをやるよ（I've moved on to other things）っていう短いメッセージ．これを最後にサトシは姿を消してしまった．自分がいなくなることで，中央集権的ではない，「みんなのビットコイン」が完成するってサトシは考えたのかもしれない．

　サトシ・ナカモトが姿を消したあと，ビットコインが話題にのぼったのはアメリカ西部のシリコンバレー，アルゼンチン出身のIT起業家，ウェンセス・カサレスは資産家や実業家たちにビットコインの可能性を宣伝してまわったことがきっかけになった．ビットコインは未来の世界通貨であり，ある程度購入しておく必要があるとシリコンバレーの資産家たちに説いて回った．そして同氏こそがそれを守る人物だと納得させた．カサレスは子供の頃，母国のアルゼンチンがハイパーインフレに苦しんだことから，国が管理する法定通貨の不安定さを実感した．それが理由となって国家を介在させないビッコインにのめり込んだといわれている．

　その後，ビットコインに思わぬ転機がやってきたのは，2013年の3月．地中海に浮かぶキプロスで起きた金融危機が，ビットコインの2度目の爆上げの引き金になった．キプロス経済は4年前のギリシャ危機の影響で混乱が続いていた．EUはキプロスの100億ユーロを支援する代わりに，国民の預金に最大9.9 ％の税金をかけると宣言．それをキプロス政府は受け入れるという信じられない回答をする．国家権力の及ばない安全なお金の居場所はないのかと，キプロスの人たちは思った．そこでぴったりだったのがビットコインだった．多くのキプロス国民が銀行からお金をおろしてビットコインを

購入．それをきっかけに，価格は90倍の11万円に上昇した．

(ⅴ) ビットコインのハッキング事件

　過去に何度か，暗号資産の取引所が狙われて，数百億円規模で盗まれている．被害額が大きいのはデジタルだからなのか？　2018年1月26日，国内の仮想通貨取引所コインチェックで580億円相当の仮想通貨がわずか5分で盗まれた．これ，もしもリアルに580億円を銀行から奪おうとしたら，めちゃくちゃ目立つであろう．全部で札束58トン，それを運ぶ大型トレーラーは銀行の前に93台，金庫からトレーラーまで10キロの札束を抱えて，1秒間に2往復．ただし，この事件で重要なのは，暗号資産が狙われたというだけで，暗号資産そのものには問題がなかったことだ．その後，事件のあった取引所も暗号資産の管理方法も変えたり，セキュリティを強化したり対策をしているという．ちなみに，悪いハッカーもいれば，良いハッカーもいる．ホワイトハッカーというITのスペシャリストたちが，ハッキングの犯人を追い続けている．

(ⅵ) ビットコインの課題

　世界的に暗号資産ユーザーが増えてきたころ，予期しなかった二つ大きな問題が発生した．一つ目は取引の大渋滞，ビットコインをつくったサトシ・ナカモトの想定を超えて，送金依頼が増加した．世界中どこにいても，10分で送金できることが売りだったけど，承認待ちの取引が長蛇の列．それを解決するために，ビットコインが分裂して，新しい暗号資産，ビットコインキャッシュが誕生．何が違うかというと，取り引き情報を書き込む紙の大きさが8倍になった．こうした分裂は，仕様変更するときにおきていて，ビットコインキャッシュ以外にも，ゴールド，シルバー，ダイヤモンドなども登場した．

　二つ目の問題は，マイニングによる環境破壊．ビットコインが誕生した頃は個人のパソコンでもできたけれど，今では，それでは太刀打ちできない．その理由は，サトシが数当てゲームに仕込んだ巧妙な設定．それはゲームに参加するマイナーが増えると数を当てる桁が増え，当てるのが非常に難しくなる．だから，マイナーたちは計算力の高いマシンを使って一番にゲームをクリアしようと現在，何万台ものマシンを設置した，マイニング専用の施設，マイニングファームが建設されるまでになっている．こんな調子で24時間フル稼働でマイニングしているので，全体の年間の消費電力量はのノルウェーの一国分の消費量を越えるという報告もある．しかし，近年ではこの問題の解決のために，再生可能エネルギーに切り替えるマイナーが増えている．ケンブリッジ大学によると現在の使用電力の40％が再生可能エネルギーを使っている．

(vii)　アルトコインの誕生

　ビットコインに厳しい目が向けられているなか，ビットコイン以外に投資を移す投資家もいる．ここ数年で色々な暗号資産が生まれているのはビットコインのブロックチェーンが公開されているからである．新しい暗号資産には，ビットコインにない特徴や弱点を補う機能をもつものが多い．ビットコイン以外の資産には代替えの意味をもつAlternative Coin（ALTコイン）と呼ばれている．例えば，ゲームをつくったり契約を自動化できる万能系通貨，超高速，低コストの国際送金に特化した通貨，マイニングの消費電力を抑えたエコな通貨，こんな調子で，一説には2 000種類以上のアルトコインが存在するといわれている．

(viii)　中央デジタル通貨の誕生

　たくさんの通貨を生んだブロックチェーン技術には各国の政府も

デジタルゴールドと呼ばれる
ビットコイン

ワールドコンピュータと呼ばれる
イーサリアム

図3・4　仮想通貨の代表選手

目をつけていて，アメリカも中国も，EUも，日本も中央銀行が研究するデジタル通貨に採用している．デジタル通貨なら国民のお金の流れを完全に把握できるから，中央集権的な金融システムがさらに強固なものになるのか？　それはサトシ・ナカモトが目指した銀行や国家に管理されないみんなの通貨システムという理想とは対極のモノだけど....　日本では2020年5月，改正資金決済法によって，それまで仮想通貨と呼ばれていた呼び名が暗号資産に変更された．坂井教授は法定通貨とビットコインのような安全資産はお互いを補う．政府や中央銀行が介入できないために国が傾いても影響を受けない．そのようなリスクヘッジの手段として，支持され続けるのではないか，とみている．

(ix)　ビットコインはサトシの壮大な実験？

　事程左様にある天才的な存在，サトシ・ナカモトがネットの片隅で発表したビットコイン，これがプログラマーたちの力を借りて，形になり，人々の欲望を刺激して世界中に知れ渡った．ビットコインを支えるブロックチェーンは今や，数多くの暗号資産を生み出すだけでなく，国家主導のデジタル通貨（CBDC（Central Bank Digital Currency）：中央銀行デジタル通貨）にも採用されるほど注目を浴び，

様々な新しいビジネスが生まれる可能性をはらんでいる．こうやって見ていると，ビットコインはブロックチェーン技術のすごさを見せつけるサトシ・ナカモトの壮大な実験だったのかも？

(x)　ビットコインの将来性

　冷蔵庫，テレビから携帯電話，クレジットカードまで，革新的技術が社会に浸透する過程は普及曲線と呼ばれるものに一般化できる．初期段階では懐疑派が多数を占めるが最終的に曲線は指数関数的に上昇してS字を描き，利用者が一気に増える．ビットコインはまだS字曲線を描き始めたばかりだ．ビットコインという社会を一変する技術は，居住国，年齢，性別，学歴，地位，年収，政治思想などを問わず，誰でも自由に使える．これほど公平で民主主義的な技術があるだろうかと考える人もいる．

　仮想通貨は，経済ニュースのなかで，良い意味でも悪い意味でも話題に事欠かない．仮想通貨の意義や役割を信じている人たちにとっては，発行枚数が決められているため，金に代わる新しい資産のデジタルゴールドとして，ポートフォリオに入れ始められつつある．そして，これまでの変化（価値の高騰）が今後も起こることを夢見ている．一方で，国が管理できない資産であるため，中国のように全面的に禁止する国があると思えば，エルサルバドルのように法定通貨として価値を認めている国もあり，反応は様々だ．また，国際犯罪の身代金に使われたり，資金洗浄（マネーロンダリング）に使われたりするケースもあれば，ロシア／ウクライナ紛争の犠牲者へ，義援金として使われたりすることから，その印象も大きく分かれている．つまり，どんな使いかたをするかによって，毒にも薬にもなるわけだ．

　本書は，仮想通貨を勧めることが目的ではないが，ブロックチェー

ンに関心を深めるためにも老後に備えるためにも，極少額をコツコ
ツと積み立てて（積み立て投資）いくことを検討しても良いのではな
いかと個人的に思う．

(xi)　仮想通貨イーサリアムって誰がつくったの？

　次に，仮想通貨として，ビットコインの他に非常に重要な役割を
もつイーサリアムについても紹介する．業界では，イーサリアムは
ビットコインよりその価値は高いと考えている人も多い．その理由
について紹介する．

　イーサリアムは時価総額がビットコインに続く第2位となってい
る．これはほぼ不動である．ビットコイン以外のコインのことを総
称して「アルトコイン」というが，イーサリアムはその代表である．
誕生したのは2013年である．ヴィタリック・ブテリンという人物
によって開発された．その当時開発者のヴィタリックはまだ19歳
の青年であった．ビットコインの技術に感銘を受けた彼は，イーサ
リアムをつくろうと構想を練った．しかし，開発するための資金が
ないので，世界中を飛び回って，ビットコインをたくさんもってい
る人のもとを訪ねて出資を募った．ビットコインをもっている人な
らイーサリアムを理解して投資してくれる人がいるかもしれないと
考えた．それだけの熱量をもってイーサリアムをつくりたいと考え
た．これが世界で初めてのICO（Initial Coin Offering）ともいわれて
いる．ちなみにこのときに投資した9割は中国人だった．

(xii)　イーサリアムって，ビットコインとどこが違うの？

　ビットコインもイーサリアムも大きく括れば同じ暗号資産である．
けれどその性質はかなり違ったものになる．買い物など決済に使っ
たり，送金もすることができる．しかし，それだけでなくビットコ
インのようにそのものに価値があって使うというよりも，イーサリ

アムを基盤として様々なサービスをつくったり，使ったりということができる．イーサリアムのブロックチェーンを使って，オリジナルのコインを発行したりゲームをつくったり，個人間でお金の貸し借りをしたりするなど，銀行が行うようなサービスを誰もが使えるのである．このようにイーサリアムのなかに色々なサービスがあって，インターネットにさえつながっていれば，世界中の人がいつでもここにアクセスできる状態になっている．つまり，イーサリアムはプラットフォームの役割を果たす．

　プラットフォームが例えば，任天堂のSwitchみたいなゲーム機本体だとしたら，イーサリアムのなかにあるサービスは，今年流行った「あつまれ どうぶつの森」とか「スーパーマリオブラザーズ」とか，そういったゲームソフトのようなものだと思ってもらえれば良い．Switchというプラットフォーム（ゲーム機本体），これがないとゲームで遊ぶことができない．プラットフォームというのは，そういうないと困るものというか，サービスを使ううえで基本となるものを指す．したがって，イーサリアムを使うときも，お金を払ってゲームソフトを買うのと同じような感覚で，イーサリアム上にあるこれらのサービスを使ったり，コインを移動するときには，送信手数料として，イーサリアムが必要になる．この送信手数料のことをイーサリアムのなかでは，「ガス代」と呼ぶが，イーサリアムはこのガス代として使われていくというように，使う目的が明確なのである．イーサリアムを使ったこのようなサービスには，国や企業などといった管理者や仲介者は不在であり，全部がプログラムによって自動的に行われている．国境も何もかもとっぱらった「ワールドコンピュータ」ともいわれており，まったく新しい概念をもった暗号資産といっても良いのではないだろうか．暗号資産のなかでは，後

発ながらガス代として自分自身が使われる，そういった目的がはっきりしている，それを自分で構築しているというのがすごい.

⑬ **イーサリアムのスマートコントラクトって何？**

　イーサリアムを語るうえで大事なポイントとなるのが，イーサリアムのもつ「スマートコントラクト」という技術である．これまでの中央集権的な管理者を排除しても，成り立つようなサービスを実現させたイーサリアム最大の特長といっても良い．コントラクトは日本語で"契約"．つまり，スマートコントラクトとは，契約を自動で実行してくれるプログラムのことをいう．契約といってもそんなに難しいことでなくて，例えば，コンビニに行ったときにお金を引き出しました，商品を受け取りましたというのも，「売買契約」である．これはコンビニだと人を介して行うが，例えば，自動販売機はお金を入れてボタンをピッと押すと，自動で商品が出てくる．これが契約の自動化である．「こうしたらこうしてね」っていうのを自動でしてくれている．スマートコントラクトはこのような取引上の契約を人の手を介さずに自動化してスムーズに行うための仕組みというわけである．そしてここに，ビットコインとイーサリアムの違いがある．ビットコインはブロックチェーンに数字しか，記録できなかった．そこに，イーサリアムは文字を記録できるようにした．それが画期的だった．文字が書けることによって，契約の情報をブロックチェーンに記録することができるようになった．ブロックチェーンに記録された情報は改ざんすることが難しく高い信頼性を確保できるというメリットがある．さらの仲介者がいないことで，仲介手数料のようなものもかからない．こうしてコスト削減にもつながる．

　イーサリアムの登場によって，ブロックチェーンは様々なプログラム，アプリケーションを提供できる，管理者不在の汎用プラット

フォームに進化した．このことを指して，イーサリアムの創始者ヴィタリックは「ビットコインが電卓のような計算機だとすると，イーサリアムはiPhone」だと表現している．これは，「取引をすべて記録する」という用途だけをもつビットコインのようなブロックチェーンとは違い，様々な用途をもつアプリケーションを一つのブロックチェーン上に開発していけるようになったことを表現している．

このような高い汎用性はビジネスにも活かせるとして期待されている．「イーサリアム企業連合」といって，イーサリアムを企業向けに活用することを目的として設立された団体もある．そこには，マイクロソフトやJPモルガン，KDDI，トヨタなども参加している．こうした大企業もイーサリアムの実用化を図って研究を進めている．もし，今後イーサリアムが世界中に普及して社会基盤となっていったとき，私たちの生活は大きく変化していくことになるだろう．

(xiv) **イーサリアムはどんなところで使われているの？**

次はどのような場面で活用されているのか，これが非常に面白い．一部にはなるが，DEX，NFT，ゲーム，DeFi（Decentralized Financeの略称）はブロックチェーンを使った金融サービスのことをいう．具体的なサービス名でいえば，ユニスワップやコンパウンドがそれにあたる．コインを預けると利息がもらえたり，コインの貸し借りができたりといったサービスである．銀行が行うようなサービスをイーサリアムのブロックチェーンを使うことで，仲介者が必要なく，個人と個人がつながって，世界中の誰とでも，取引をすることができる．DEX（Decentralized Exchange）はブロックチェーンを使った仮想通貨の取引所のことをいう．通常，仮想通貨を購入する場合は，個人情報を入力して口座を開設するが，DEXの場合はそういった登録作業や個人情報を提出しなくても，取引ができる．ど

こかに自分の情報がもれることもないし，資金を取引所に送ったりする必要はないので，管理もすべて自分で行う．なので，取引所のハッキングで資金が盗まれたり，といった心配はない．自分でしっかり管理すればセキュリティは非常に高い．NFTの例としては，「クリプトキティーズ」のようなゲームで，自分でつくったキャラクターを売買できる．

　もう一つの応用は，分散型アプリケーション（英：Decentralized Applications，略称：dApps）を構築するための開発環境を提供するプラットフォームとしての機能である．dAppsは，企業や政府，銀行などの中央管理者がいなくても稼働するアプリケーションのことである．アプリケーションを利用する参加者全員がデータを分散管理することで，仕様変更などの意思決定に関わることができる．dAppsは特定の技術をもったプログラマーでなければ開発が難しい領域だったが，イーサリアムの登場により容易になった．その結果，多くの人がdApps開発に参入することができるようになり，ブロックチェーンやそれを利用した分散管理という概念が社会に広く応用されるきっかけを与えたといえる．現在では，多種多様なユニークなアイディアを簡単にdAppsに落とし込むことができるようになり，いくつものプロジェクトがイーサリアムから誕生している．

⒂　イーサリアムの課題

　イーサリアムの課題は手数料の高騰である．プログラムの処理能力というのは決まっているので，人気が高まって使う人が増えると，交通渋滞と同じように取引が渋滞を起こしてしまう．だから，早く取引を完了したい場合は，お金を払って高速道路の乗るような感じで，イーサリアムも高い手数料を払う必要が出てくる．イーサリアムでは，そういった課題を解決すべく大きなバージョンアップを準

備している．このバージョンアップによって，イーサリアムの価値
は高まって投資する人も増えてくる．

　次に，イーサリアムの将来性について説明する．2020年12月1日
にイーサリアム2.0と呼ばれるアップデートが行われた．あと数年
でイーサリアム2.0の完全体になっていく．イーサリアム2.0になる
とマイニング方法が変わる．イーサリアムはPoW（プルーフ・オブ・
ワーク）という方法を採用していたが，イーサリアム2.0になるとPoS
（プルーフ・オブ・ステーク）に方式が変わり，イーサリアムをもって
いる人が受け取る方式になる．この変更によって，イーサリアムの
使用電力は1 000分の1に減らすことができると発表している．ビッ
トコインなどの仮想通貨は，使用電力が高いことが問題となってい
るが，イーサリアムはこの問題を大きく解決する．

(xvi)　リップル（XRP）ってなあに

　仮想通貨で，ビットコインやイーサリアムの他に，よく話題にで
てくるコインとして，リップル（XRP）がある．特に日本人に人気
があるといわれている．ここでは，リップルについて詳しく見てみ
よう．

　リップル社が発行した仮想通貨リップル（XRP）は，2022年2月
時点で時価総額ランキング6位に入っている人気銘柄の一つである．
リップルは，国際送金に特化しており，300以上の金融機関によっ
て利用されているだけではなく，現在はスマートコントラクトを実
装する「フレアネットワーク」の開発も進めている．そのためリッ
プルは，まだまだ普及していくことが期待できるだろう．リップル
社は，送金ネットワークを提供するアメリカのフィンテック企業で
ある．そして，リップル社が提供する「リップルネットワーク」や，
そのネットワーク内で使用される仮想通貨がリップルである．

リップルには大きな特長が三つある.

① 国際送金に特化している

② 中央集権的である

③ 送金速度やコストが安い

その特徴について詳しく解説する.

(1) 特長1 「国際送金に特化している」

リップルネットワークおよびリップルは国際送金に特化している. リップルは各国の法定通貨同士を仲介する「ブリッジ通貨」で,日本円→リップル→ドルといったように,国境をまたいで円滑に送金を可能にする. リップル社の発表によると,リップルネットワークには40か国・6大陸の300以上の金融機関が参加しているため,様々な国で注目されていることがわかる. さらにリップルのウォレットは誰でも作成可能であるため,銀行口座をもたない国民の多い地域でも利用できるようにもなるだろう. 引き続きリップルネットワークの参加者が増えていけば,将来的に国際送金システムのあり方は変わっていくと考えられる.

(2) 特長2 「中央集権的である」

すべてのリップルはすでに発行済みであり,リップルの取引処理はリップル社が実施している. 例えば,トムがジャックに対して100リップル送金したとして,その取引を記録するのはリップル社である. 仮想通貨は非中央集権であることが多いが,リップルはリップル社が管理・運営を行っている点が中央集権的である. リップル以外の仮想通貨は,マイナー(採掘者)と呼ばれる人々が取引処理をし,その報酬として新規発行される仮想通貨を受け取っている. 多くの仮想通貨は新規発行される仮想通貨をマイナーに提供するが,リップルはすべて発行済みであり,リップル社によって取引処理さ

れるため，マイニングはない．

⑶ 特長3 「送金速度やコストが低い」

　リップルは送金速度が速く，送金コストも低い特徴がある．リップル社の発表によると，リップルの送金速度は3.3秒であり，送金にかかるコストは0.000 4ドル（約0.05円）である．

　リップルの送金速度が速い理由は，リップルの取引処理方法にある．仮想通貨の取引処理をするためには，複数の人物による承認作業が必要になるが，リップルの場合は限られたごく少人数の承認によって取引処理できるので，素早い送金が可能になる．また，リップルの送金コストが低い理由は，「コルレス銀行」を経由しないためである．「コルレス」はCorrespondentの略で，送金銀行と受け取り銀行をつなぐ役割を果たすのが，コルレス銀行（仲介銀行，中継銀行，経由銀行とも呼ばれる）である．従来の国際送金では，コルレス銀行と呼ばれる金融機関を仲介させなければならない．例えば，日本国内の銀行からアメリカの銀行に送金する場合，国内銀行→コルレス銀行→アメリカの銀行といったようにコルレス銀行を経由することとなり，経由するコルレス銀行の数だけ手数料が発生するのである．

⒄ **仮想通貨の将来性**

　日本では，仮想通貨は知名度が高くなく，投資対象としても関心をもっている人は少ない．これだけの価格の変動があればしかたない．日本では，価格の暴落や高騰のニュース，ハッキングのニュース，国際事件の身代金のニュース，など怪しいコインとしてしか報道されないので，仮想通貨を話題にすること自体がはばかられる．しかし，世界では特に米国を中心とする欧米や自国通貨の弱い発展途上国では，注目が高まっている．発行枚数の限られているビットコインは，インフレ対策として，今後ますます注目が高まっていく

だろう．また，後に述べるWEB3.0やメタバースの世界が広がって
くれば，グローバルな経済活動が展開され，国境を壁としない仮想
通貨の活用は必須となる．

　日本でも，国家戦略としてWEB3.0を推進していく機運が高まっ
ており，税制の改正が行われるかもしれない．仮想通貨の税制は，
世界で最も高いといわれており，WEB3.0関連のビジネスを行う若
い起業家が海外に流出している．特に，仮想通貨を積極的に活用と
しているシンガポールやドバイでは，仮想通貨事業を国家戦略とし
税金がかからず，起業家が増え続けている現実がある．

　日本では，仮想通貨の利益が雑所得として扱われ，最大55％の
税金がかかる．また，法人は，期末時価評価制度によって，利益が
出る前から含み益を支払う必要がある．今回の税制改革で改訂され
れば，起業家は日本に戻り，投資対象として関心をもつ人も増える
ことが期待できる．

(xviii) **本章のまとめ**

　本章では，ブロックチェーンを誕生させたビットコインの歴史や
スマートコントラクトを支えるイーサリアムの特長について紹介し
た．ビットコインの産みの親であるサトシ・ナカモトは，ビットコ
インに発行上限をもたすことで，ビットコインはデジタルゴールド
と呼ばれるように，価値の変動（高騰と暴落）を繰り返しながらも，着
実にその資産総額はあの巨大企業のGoogleと肩を並べるまでに成長
した．日本では，税制の問題もあり，投資としては敬遠されてきた
が，WEB3.0を国家戦略プロジェクトとして推進するために，税制
改革にむけてやっと重い腰をあげようとしている．

3.2 NFT技術

2021年の流行語大賞のノミネートされた「NFT！」，何やら難しそうな英語だが，ブロックチェーンの仕組みを使ってインターネット上で非常に大きな革命が起きようとしている．その内容を詳しく見てみよう！　間違いなく，読者の未来に楽しみを増やしてくれる存在になる．

⒤　NFTとは

NFTは，Non-Fungible Token（非代替性トークン）と訳される．非代替性とは替えのきかないもの，すなわち"唯一無二"ということである．例えば，野球ボール自体はたくさんつくることができる．これはFungible，替えのきくもの．しかし，このボールに有名な野球選手に日付とサインを書いてもらえば，その野球ボールは唯一無二の存在となる．つまり，その瞬間にNon-Fungibleなものになる．モノとしては同じ野球ボールだとしても非代替性が加わると価値が生まれるというわけなのである．

歴史をさかのぼれば，印刷技術が発展したことでモノのコピーが容易になった．例えば，絵画でも写真でも印刷機の機能が向上したことで繊細な筆遣いや色味であってもそれを再現できるようになった．その結果としてコピーすることで大量につくることが可能になった．そこから時は経ちインターネットやパソコンが普及することによって「デジタルデータのコピー」ができるようになった．デジタルデータはコピーが特に簡単で，パソコン上でそれも簡単にコピーできてしまう「デジタル作品」の価値はどんどん下がっていった．

図3・5　NFTとは？

非代替性とは？

【代替性がある】　　　　　　　　　　【非代替性】

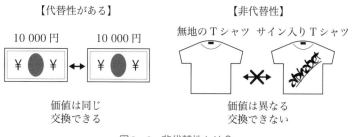

図3・6　非代替性とは？

⒤　デジタルデータに"希少性"という価値をつけるNFT技術

　そんななか，2017年に誕生したのがNFT技術である．何がすごいのかというとそのデータ自体は今までと同じように簡単にコピーすることができてしまうものの，「オリジナルはあくまでもこの作品ですよという証明（お墨付き）」がつくようになった．この証明ができるようになったおかげでデジタル作品は無限にコピーできるただのデータではなく，現物のように「唯一のデータ」となるのである．

一つしかない作品のオリジナルデータを欲しがる人が2人以上いれば，それを求める人たちによって価格が吊り上がっていくという流れが生まれる．2021年の夏，デジタルアーティストのBeeple（本名：マイク・ヴィンケルマン）の作品「Everydays – The First 5000 days」はなんと約75億円で落札された．この数字は，現存アーティストのオークションの記録第3位となり，デジタルアート作品の過去最高額，オンラインのみのオークションでの過去最高額を記録した．

　この結果について，Beepleは声明文で次のように述べている．「アーティストは過去20年以上にわたり，ハードウェアとソフトウェアを使って作品を制作し，インターネット上で配信してきたが，作品を真に所有し，収集する方法はなかった．しかし，NFTの登場により，それが変わった．私たちは，美術史における次の章，デジタルアートの始まりに立ち会っているのだと思う．これは，物理的なキャンバスでつくられたものと同様に，クラフト，メッセージ，ニュアンス，意図をもった作品であり，この歴史的な瞬間にデジタルアートのコミュニティを代表することができ，大変光栄に思っている」．

　また，米Twitterと米SquareのCEOを務めるジャック・ドーシー氏がオークションに出品した同氏の初ツイートのNFTが3月22日，291万5835ドル（約3億1640万円）で落札された．落札したのはTRONネットワークのOracleシステムBridge Oracleのハカン・エスタビCEO．同氏は落札後「これはただのツイートではない．数年後には，これに「モナ・リザ」と同じくらいの価値があることにみんなも気づくだろう」とツイートした．ドーシー氏は自身のTwitterアカウントで，売り上げはすぐにビットコインに変換し，アフリカ地域支援の非営利団体GiveDirectlyに全額寄付したとツイートした．

コンテンツをNFT化すると…

【データ】
・作成者
・所有者
・権利者
・取引データ

固有のIDである
トークンIDが発行され
世界で一つだけのものだと証明

↓

トークンIDに
データが紐づけられる

ブロックチェーンの技術により，情報の改ざんが不可能
そのコンテンツがいつ，誰の手によって，今誰の手にあるのか，が明確に

図3・7　NFTの仕組み

　デジタルなコンテンツを取り巻く業界ではこれまで「コピーを禁止」して著作権を守ることが基本であった．しかし，NFT技術が確立されたことで作品の「希少性」に価値を見出せる新たなデジタルコンテンツの価値が誕生した．ではどうやってNFTはその希少性を保っているのか．そこで使われているのがブロックチェーン技術である．NFT＝デジタル作品という訳ではなくNFTというのは，ブロックチェーンを活用して希少性を保っているデジタル作品である．

　これまで何度も説明してきたように，ブロックチェーンは「非中央集権的なシステム」である．これを簡単にいえば参加者みんなで監視しあっているようなシステムである．いつ誰がそのデータを誰に送ったのかを把握して証明するのは参加者，つまり我々である．お互いに監視しあっているような状態なので嘘がつけないし，情報を消したり改ざんすることもできない．いつ誰がそのデータを誰に送ったのかまで，すべて情報を誰でも見ることができる．これがブロックチェーン最大の特長である．

　このブロックチェーンのもつ"改ざんできない"という非中央集権
的な仕組みがあるからこそ，データにIDをつけて管理することがで
きて，コピーできるデータにも「希少性」が生まれるのである.

(iii)　作家の活動を支援できるNFT

　またNFTの大きな特長は，"プログラマビリティ（プログラム可能)"
があるということである．これはプログラムを使ってデータに機能
や条件を追加できるという意味である．例えば，作品が売買される
たびに作者にも収益の一部が還元されるよう条件をつけたとする.
絵画のような現実に存在する作品であれば作家はその作品を販売し
た時点で収益を得る機会は終わりである．だが，先ほどのプログラ
ムが組まれていれば，NFTの作品が売買されるたびに作家はロイヤ
リティを受け取ることができる．作品の価格が高騰し，1億円の取
引がされたときにも作家にしっかりと利益が残るようになる．つま
りプログラマビリティがあるNFT作品をつくるアーティストにとっ
てもメリットが生まれることになる．また，誰でも自由にNFT作品
を出品し，取引できるというのも大きな特長である．こんなことが

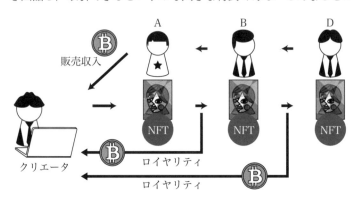

図3・8　クリエータを助けるNFTの仕組み

あった．2021年9月，わずか8歳の少年の自由研究がNFT作品として出品され，なんとのべ240万円もの値段で落札されたんだとか．

⒤ 拡大するNFT市場

最近，NFTの市場は米国を中心に多くのユーザーと資金が流入し，急速に拡大，大手企業も続々と参入しており，経済社会における新たなトレンドとなりつつある．DappRadarの統計によると，2021年9月時点のNFT市場の合計時価総額は141億9 000万ドル（約1兆5 885億円）．OpenSeaというニューヨークに拠点を置くマーケットでは，月間取引数が2021年7月現在で約250億円もある．これからもその数字はどんどん伸びていくと考えられる．市場シェアは「CryptoPunks（クリプトパンク）」が43.4 ％で1位．これに「Bored Ape Yacht Club」が14.5 ％，「NBA Top Shot」が6.5 ％，「Meebits（ミービッツ）」が3.4 ％と続く．日本でもLINEやメルカリ，GMOインターネット，楽天，mixiなど大手のネット系企業がNFT事業にぞくぞくと参入している．

⒱ NFTにはなぜ高い値段がつくのか？

一見するとただのデジタルデータなのだが，なぜ高い値段がつくのか，その理由は二つある．先にも述べたように，一つは所有欲を刺激する．ブロックチェーン技術によりNFT作品はオリジナルそのものをコピーしたり改ざんすることはできない．野球のサインボールと同じように「非代替性」をもった瞬間に人間の所有欲を掻き立てる．これまでも現物の世界でもなかなか手に入らないフィギュアやレアカードなどのコレクターアイテムもその非代替性から所有したいという欲求により駆り立てられる人たちは多くいた．古くは絵画や陶芸作品などの1点ものはとてつもない価値がつくことはご存知のとおりである．これがデジタルの世界でも起こり始めているので

ある.

二つ目は取引の透明性である. 先にも紹介したように, 2021年3月, Twitter創業者のジャック・ドーシー氏が「Twitter史上初めてのツイート」をNFT作品としてオークションに出品した.

この作品?は3億1500万円で落札した. これは,「ジャック・ドーシー本人が承認している」ということが価値の源泉(みなもと)となっている. そういった「誰から手に入れたのか」ということも価値につながる. このような背景から透明な取引を模索してきた芸能, タレント, 音楽業界でもアイドルやアーティスト本人が作品をNFTで販売することが活発になってきた.

さらにNFTを買った人だけがアクセスできる仕組みも模索されている. NFTをもっている人だけが参加できるコミュニティやNFTをもっている人だけが特別扱いをしてもらえるイベントなど可能性は無限大である. これもブロックチェーンという革命的な技術があるからこそ証明できるものなのである.

(vi) NFTの活用分野と課題

NFTの活用分野としては, 現状としては, デジタルアート, ゲームアイテム, コレクションアイテム(ゲームと重複する部分もあり), 音楽, 写真, SNS投稿, そして実物アート作品との紐づけ等がある. 表3・1は現状のNFTの活用分野である.

ただ, 新しい仕組みなので課題も多い. NFTの課題として, 以下の3点が挙げられる.

① 法律・税制がすごく厳しい

NFTの実質的内容によっては, 暗号資産に該当する可能性があり, 日本では, 雑所得として課税される可能性が出てきて, 税金がすごく高い.

② コンテンツへのアクセスの容易性

　NFT を紐づけるコンテンツはブロックチェーンの外にあるため，サービスの停止等に伴い，コンテンツにアクセスできなくなる可能性がある．

表3・1　NFTの活用事例

分野	NFTの内容	NFTの狙い・価値	事例
趣味・嗜好品	ピクセルアート (2D，3D)，BGM，SNS画像のNFT化なども	一点物，レア物の価値，将来の価格高騰狙いでの購入．ピクセルアートなどが話題性や市場の牽引．もともと価値がなかった物や価格が保証されないものがNFTで価値が担保される．	CryptoPunks, Meebits, NBA Top Shot, Bored Ape Yacht Club
アート			Beeple, CryptoPunks, Twitter投稿画像（ジャックドーシー）
ゲーム・スポーツ	ゲーム内キャラクターやアイテム，トレーディングカード	ゲーム内アイテムとしての価値，トレーディングカードとしての価値，将来の価格高騰狙い．	Axie Infinity, F1 Delta time, Gods Unchained, Sorare, NBA Top Shot
メタバース	仮想空間での土地や物品	ゲーム的要素に加え，土地権利など，将来のキャピタルゲイン狙いもあり．	Decentraland, The Sandbox, Somnium Space
スニーカー	スニーカーの3D画像	スポーツメーカーのモノから，NFTスニーカー専門企業もあり．ブランドの宣伝的意味合いやコレクティブ的要素のレア物としての価値，将来の価格高騰狙い．	AIR SMOKE 1, Genesis Curry Flow
ユーティリティ	ドメイン名やアドレスのNFT化，電子印鑑のNFT化	アドレス簡素化の実需あり．NFT印鑑では電子署名で重要な役割になる可能性もあり．	Ethereum Name Service, シャチハタ印鑑
実物との紐づけ	絵画，漫画，高級腕時計との紐づけ	実物と紐づけ．価値の担保，購入場所，履歴，オーナーの記録など．ICタグ装着も．	バンクシー(Shinwa Art NFT)，集英社，ブライトリング，Startbarhn（ICタグ）

③ 偽のNFTがつくられるリスク

他人所有のコンテンツに対し，第三者が無断でNFTをつくり，取引するリスクがある．

(vii) NFTの市場規模拡大の要因

NFTの市場がこれまで拡大した要因を分析すると，

① NFTのテクノロジーへの期待：NFTの技術，価値が世間で認められ，必要とされてきたこと

② 仮想通貨のレート上昇により市場参加者の保有資産・資金力が増えてきたこと

③ 上記②に関連し，仮想通貨を保有しながら資産を増やすステーキングやレンディング事業などのDefiの選択肢が増えて，安定収入につなげている人が増えてきた．

④ NFTの二次流通市場での高値売却を狙った有望な投資先として市場が拡大，などが考えられる．

(viii) 音楽業界でのNFT活用事例

NFTの技術を音楽業界に応用したものを「NFT音楽」という．NFTの仕組みは先にも述べたように，アートやスポーツ，ファッション，漫画，不動産といった様々な分野に発展している．しかし，音楽業界で活用されるNFTには，他の分野にはない独特の仕組みが存在する．まず，NFT音楽で最もポピュラーな形は，楽曲を売買できるデジタルマーケットに出品するアーティストとその音源を使いたいユーザーに分かれ，売買取引が成立するとアーティストに売上の一部が還元されるというものである．楽曲を売買できるデジタルマーケット自体は新しい考え方ではないが，これまで，こうした取引では作品のオリジナリティが保証されなかった．市場に出回っていない他のアーティストの作品をコピーして売るということも事

実上は可能なわけである．しかし，NFTによって作品のオリジナリ
ティが担保されたことで，作品の購入者は安心して楽曲を購入する
ことができる．

⑴　購入者にもロイヤリティが発生する新しい仕組み

　最近では，アーティスト活動をさらに促進できるよう，上記の仕
組みに改良を加えたNFTモデルが登場している．それが，アーティ
ストだけではなく購入者にもロイヤリティが発生する仕組みである．
NFTマーケットによって条件は異なるものの，こうした仕組みを取
り入れるプラットフォームでは，基本的に自分の購入した音楽作品
が世の中に広まるほど獲得ロイヤリティが増える．すると購入者は
積極的に作品を広めようとするため，アーティストにとっても自身
の著名度が高まり，アーティストと購入者の双方にメリットをもた
らす．先述した従来のNFTの仕組みだと有名なアーティストは高
額な売上を達成できる一方で，無名なアーティストはあまり利益を
得られないというデメリットがあった．しかし，新たに購入者ロイ
ヤリティの仕組みが生まれたおかげで，あまり有名でなかったアー
ティストでも高い売上をあげることができる．

⑵　楽曲の転売によるアーティストへの手数料

　音楽業界では，特定の楽曲を購入してそれを他者に売る「転売」が
行われる場合も多い．例えば，ショップで購入した中古レコードを，
ヤフーオークションやメルカリで第三者に売却するといった方法があ
る．こうした従来の仕組みでは，転売されたからといってアーティ
ストにお金が入るわけではない．しかし，一部のNFTマーケット
では，音楽作品の購入時に加え，転売時においてもアーティストに
手数料収入をもたらすケースもある．それによって，その作品の作
成者であるアーティストにより多くの利益を還元することが可能と

なっている．このように，今までになかった画期的な仕組みを実現したNFTは非常に大きな話題となっている．

⑶　音楽業界にNFTが与えたインパクト

　このような画期的な仕組みを，NFTを活用することでつくれることから，音楽の分野に大きなインパクトを及ぼすとされている．なかでも特に購入者自身にもロイヤリティをもたらすという仕組みは，これまで知名度の低さで悩まされてきた多数のアーティストを救うものになるかもしれない．なぜなら，現在はLINEやSNSといった情報の伝達を助けるツールが充実しているからである．例えば，ある楽曲を大変気に入った購入者が何気なく作品を紹介するツイートをしたところ，予想外に多くの人に注目されて情報が伝達する可能性がある．つまり，音楽作品のマーケティングやプロモーションを購入者自身がサポートしてくれるということである．

　これまでは無名なアーティストの作品はなかなか目に触れる機会が少なかった．しかし，NFTの仕組みを活用することでマイナーアーティストがいきなり注目を浴びたり，メジャーデビューすることなく収益化を実現したりといったことも考えられる．

⒤　NFT活用の最前線

　さらにNFTを活用したビジネスは音楽以外でも様々な分野で広がっている．その一部を紹介する．

⑴　高級ブランドを保証するクリプトモール

　あるクリプトモールが取り扱っているのは，時計やバッグなどのブランド品，つまり，実物のNFTを取り扱う会社である．例えば，時計やバッグなどに特殊な繊維型チップを取りつけて，それとは別に"チップを組み込まれたカード"を発行する．所有者はこの二つのチップを鍵にしてその商品の追跡データをスマホで確認できる．確

認できた商品はクリプトモールというパクリ，ニセモノの流通しないマーケットでNFTとして出品できる．このシステムによって鑑定の手間も省け，安心した売買が可能になるという仕組みになっている．これが世の中に浸透すれば，偽物を排除でき，結果そのブランドの価値も守ることができる．しかも，クリプトモールではたくさんのジャンルを取り扱っているようで，まさか車までがトークン化されるのかと思うと，想像より希望が大きいイメージである．すでに多くの種類の暗号通貨で購入可能である．

⑵　日本のアニメ文化を守り続ける楽座（らくざ）

　ここで扱われていたのは，アニメの原画やセル画である．日本のアニメはすでに映像技術が進んだことでセル画はつくられなくなった．つまり，セル画は現存する限り，希少価値のあるもの，アニメには多くのファンがいるので，欲しがる人も多い．という点に着目して，これを売買するマーケットプレイスをつくったのが楽座である．楽座というのは安土桃山時代に織田信長が考えた，特権をもつ人のいない誰もが自由に商売できる市場のことである．きっとNFT売買というのがこのイメージに重なったのである．この楽座で扱われる絵にもクリプトモール同様のチップが取りつけられていて，一つ一つの絵をNFTとして管理している．

　ちなみに，このセル画はNFT化される代わりに私たちは現物を手元に置くことはできない．もし，手元に欲しい場合はそのNFTをバーン（焼却）することで，NFTではなくなる．だが，このセル画はNFTのままであれば，この楽座のマーケットプレイスに再出品できるのである．この後にこのセル画NFTを保有し続けて，資産価値が上がるのを期待するのも面白い．このように世の中のセル画の絶対数が増えないなかでセル画NFTの数は年々減っていくので，

残されたセル画NFTは希少価値が増し，値段が上がりやすくなる．このようにNFTによってアニメ制作会社に眠っていた文化財が商品価値を生む．日本ならではの面白いNFTの活用方法である．そして，これはアニメという現代の日本ならではの文化財の保護にも役に立つのである．

(3) 日本の文化財を守り続けるデジタル資産管理機構（文化財NFT）

日本刀は本格的な文化財である．まさに日本刀は世の中に二つと存在しない保護すべき文化財だが，こういうガチの文化財をNFT化させていくには一つ問題があって，それはチップが取りつけられない点である．このようなタイプのものは，実物に手が加えられるだけで価値が下がってしまうからである．つまり，文化財の鑑定は自動化できずどうしてもプロの手が入らざるを得ないため，この財団法人「デジタル資産管理機構」が鑑定機関になって，刀の真贋証明をしながら安全に保守管理する，そのうえでNFTを発行する仕組みをとっている．

この財団で管理するメリットは，他にもあって，こんな出来事が以前あった．上杉謙信が所有していたとされる「山鳥毛一文字」は一度海外の資産家に売られてしまったものを「日本のものは日本で守りたい」という思いから，5億円の寄付を集めて国内に買い戻されたという経緯があった．だが，このNFTの仕組みを導入すれば，この刀の「管理」をデジタル資産管理機構に任せながら，その刀の資産価値だけ「所有権」だけを売買できるため，もし，外国人投資家が購入しても実物の刀は日本に残しておけるようになった．NFTを取り入れたことで，日本の文化財は海外へ流出しにくくなったわけである．

NFTのすごいところはまだあって，それが例えば「山鳥毛一文字」

の所有権を10分割できちゃうところである．実物では当然分割できないところをNFTではこんなことができるわけだ．こうすると購入単価も安くなり，より多くの人が手軽に「日本刀」を資産としてもてるようになる．このデジタル資産管理機構はもちろん刀だけでなく，骨董品や美術品など幅広い文化財を保護しているのである．個人所有している人もいつかはこの世を去るので，贈与，相続も楽になる．文化財が埋もれることも避けられる．NFTがすべての人に合理的な結果をもたらしている点は革命である．

　次はデジタルコンテンツを使ったNFTサービスを紹介する．

⑷　LINEによる仮想空間を創造するラインブロックチェーン

　最近Meta社（旧Facebook）がメタバースに参入した流れと同じように，LINEもネット上で仮想空間を展開，経済圏をつくりたいと計画している．今はその街をつくる初期段階で，LINE内で使える通貨「LN（リンク）」，「LINE BITMAX」という財布，次はNFTで商品をつくるテナントはただいま募集中である．いずれはこの仮想空間で有名なグループがライブをして，そこで集まったファン同士でこのNFTの市場が活気づくかもしれない．LINE経済圏はユーザーが国内中心になりそうであるが，9 000万人のユーザー数は無視できない．ブロックチェーンの良さは国を越えられることであるが，国内でも強みを生かす．

⑸　地域振興にも一役買うユニマ

　こちらのサービスは企業のNFT発行を支援する．デジタルアセットとあるので，LINE同様デジタルコンテンツを対象としたNFTなのがわかる．例えば，「ステーションNFT」といって，簡単にいえば全国に9 000近くある駅の"駅長"になれる権利，これをNFTとして販売する．もちろん，JRなどのリアルな駅長でなく，あくま

でネット空間の駅長である．すでに7年前からあるこの「駅メモ」というポケモンGOにも似た全国の駅を巡ってスタンプラリーするようなAR・位置情報ゲームがあって，鉄道ファン，アニメファンを取り込んで活気をみせているようだが，このゲームにNFT要素を加えることで仮想空間の駅長が誕生，2021年7月にこちらの駅長の権利を販売するNFTオークションが開催され，新大阪駅の駅長は42万円，永田町駅の駅長は34万円で落札された．駅長になるメリットはその駅のイベント開催手数料をもらえる点，つまり，テナント収入が入るわけである．これは地域振興にもなるので，場合によっては，自治体もここに乗り出す可能性も出てくるのでは？　うまくいけば，地域のお店が繁盛するイベント参加者も楽しめる．NFTが面白い仕掛けになりうるのではないか．以上，NFTの使い道は金儲けだけではない．これはユニマという会社のNFT活用例の一つということである．

(6)　地方創生をNFTアートで

　日本の小さな村が世界とつながる．NFT技術を使ったデジタルアートを活用し，地域活性化を図ろうとする動きが広まっている．新潟県長岡市山古志村では，住民らでつくる「山古志住民会議」が昨年12月に特産品の錦鯉をモチーフとしたNFTアートを販売した．「Colored Carp」と名づけた作品は1枚約1万円で，1か月半で350枚が売れた．購入者には「電子住民票」を発行し，デジタル上で地域づくりにも関わってもらう狙いだ．2004年の中越地震で大きな被害を受けた山古志村は今，人口減少と高齢化に悩んでいる．そこで，関係人口を広げるために，住民会議はNFTに目をつけて，世界にアピールし山古志に共感してもらえる人を増やそうとしている．

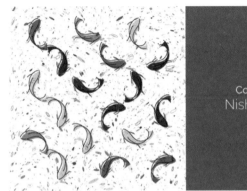

山古志住民会議（新潟県長岡市山古志・旧山古志村、代表：竹内春華）は、錦鯉をシンボルにしたNFTアート「Colored Carp」を発行し、2021年12月14日より発売いたします。今回発売するNFTは、急激に人口減少が進む山古志地域（旧山古志村）の電子住民票を兼ねたデジタルアートであり、日本の過疎地が今後グローバルな関係人口を創出するためのNFTの新たな活用提案です。

【URL】https://nishikigoi.on.fleek.co/

図3・9　NFTによる町おこしの事例（旧山古志村）

(7)　エンタメ系デジタルコンテンツを扱うハッシュポート

　この会社はすでに独自のトークンをもっていて，それがPLTパレットトークンである．今年7月にIEOというやり方で上場したトークンで，コインチェックで取り扱われている．扱うのは，漫画，アニメ，スポーツ，音楽などのエンターテインメント系のデジタルコンテンツである．今後，芸能事務所などと協力してNFTを開発していく流れが見えてくる．芸能関係は仮想空間との相性も良いので，トレーディングカードNFTをもっている人限定で，メタバース空間の特別イベントに招待することもある．また，パレットトークンが当たる福引大会も行われる．

⑻ NFTによって不動産市場を開拓する「GCT JAPAN」

　不動産とNFTをかけ合わせた取り組みが実現しつつある．不動産市場というのは世界で金融市場の次に大きい市場で，金額にすると2京8 000兆円，その0.5 ％がこの5年以内にセキュリティトークン化するようだ．0.5 ％は140兆円，セキュリティトークンというのは，簡単にいうとブロックチェーンを使ってデジタル化した株式のような有価証券のことである．すでに株式のセキュリティトークン化は世界で始まっているが，それが今度は不動産業界でも始まるということだ．この不動産のセキュリティトークン化で変わること，それは不動産を10万円から買える仕組みになるということだ．今までは不動産というのは資金がある人の世界，あるいはローンで購入する世界であったが，これが一変する．10万円というのは例えばの話で，一つの物件をいくつも分割して複数の人でもつことができる．やがて不動産の所有はそんな仕組みに代わるという訳だ．すると，今まで不動産投資に参加できなかった層がここに参入できるようになる．

　もう一つは，暗号通貨のように不動産をネット上で取引可能になること．つまりスマホ上で完結する．セキュリティトークンは仮想通貨と同じように法整備が追いついていない．GCT JAPANは，とあるフィリピンのスマートシティを目指す特区で国を通したライセンス契約のもと，このNFT不動産サービスを手がけていくそうである．NFTのおかげで，誰もが手軽に不動産投資で投資収入を得やすくなる，そんな時代になりつつある．このフィリピンのような今後人口増加が見込める国に投資することは，すでに人口減少しつつある国に住む日本人にとって重要な処世術の一つである．今後，世界各地でこのような発展途上国の不動産NFT投資が過熱していくかも

しれない.

⑼ 電力のブランド化が進むNFT

　日本のあの資生堂がラグジュアリー化粧品の偽物流通を防ぐために，本物であることを証明するチップを外箱につける試みがある.また，今まで電力会社から一方的に買っていた電力が，今度は個人でつくった電力がお互いに自由に売買できるようになるサービス，今後は電力も野菜のトレーサビリティのように，生産方法を気にして使う時代になりそうである．環境問題が重要視される時代にあって，太陽光発電，風力発電でできた電気がブランド化，付加価値となって売られていく，こんな時代に変わることも想像された.

　USD社は2015年より東京大学と共同で，ブロックチェーン技術を応用したPeer to Peer電力取引の研究開発を実施している．これまでに石川県・和倉温泉地区，さいたま市・美園地区などでの実証実験にも，ブロックチェーン・システムの開発担当として参画している．また，今後はこのブロックチェーン・システムにAI技術を搭載し，電力供給者の発電量予測，および電力使用者の消費予測等を行う実証実験にも，AI開発担当として携わっていくことが決定している.

⑽ ホログラフィックNFTのプラットフォームを運営する企業OVO（オーヴォ）

　業界初のホログラフィックNFTのプラットフォームを運営する企業で，日本で最大手である．ホログラフィックというのは，3次元のデータを投影する技術のことで，今までのNFTは2次元画像がメイン，3次元の画像があってもマインクラフト的なカクカクのボクセルアートだったが，それとは違い滑らかな実写に近いものをNFTで再現できる．どんなものを再現しているのか？　それが,

7人のグラビアアイドルNFTやLINEスタンプで人気の「にゃっちーず」もホログラフィックになっている．3次元ホログラフィックの需要はメタバースやゲーム分野など色々ある．

⑾　既存の社会を仮想空間に移行するお手伝いをするAMBER（アンバー）

　この企業は「Openverse」というメタバースの一つを運営する．こちらは，企業やブランド，クリエーター向けのWEB3.0対応のプラットフォームである．既存の社会を仮想空間に移行させるお手伝いをする．提携先にはGoogleやSonyなど錚々（そうそう）たる企業が挙がっている．メタバースといわれても，ゲームの延長線上にしか思えない世界観を今後リアルに近い形につくっていく企業である．

⒳　本章のまとめ

　ブロックチェーン技術を用いたNFTについて説明した．コピー可能なために価値がつきにくかったデジタル作品に，NFTはこれがオリジナルであるというお墨付きを与えることができる技術である．これによって，転売されて価値が上がるたびに，ロイヤリティが戻ることで，クリエーターの活動を保護できることになる．

　この技術を応用するとデジタル作品だけでなく，文化財など希少性をもつリアルな作品，さらには不動産をセキュリティトークン化することで，文化財の保護やネット上での売買を促進することが可能となる．さらに地方自治体も特産品をモチーフとしたNFTアートを販売することで，町おこしに活用する取り組みも始まっている．

3.3　DeFi技術

　ここでは，ブロックチェーンを活用することで大きく変化しつつある金融関係の世界について紹介する．ブロックチェーンがビット

コインなど仮想通貨の基本のシステムであることは先に述べたが，それだけでなく銀行業務などが行ってきた金融の仕組みも大きく変わろうとしている．未来は，どう変わるのか見てみよう！

(i) DeFiって何？

DeFi とは Decentralized Finance（分散型金融）の略で，現在，資本主義の核である金融関係の活動は，銀行や証券会社（CeFi：Centralized Finance）によって行われているが，DeFi は集権的な管理者が存在せず，国家が管理せず，利用者のバックグラウンドを選ばず誰にでも提供される金融活動である．DeFi の具体的なサービス内容を一言で説明するならば，仮想通貨自体に埋め込まれたプログラムで完全自動実行される無人の金融サービスである．

Defi によってすべての金融はネット上に開放される．分散型金融というのは一人一人みんながもっている残高を共有し，安全に記録する．それを一番先にかなえたのがビットコイン．ネット上に流通

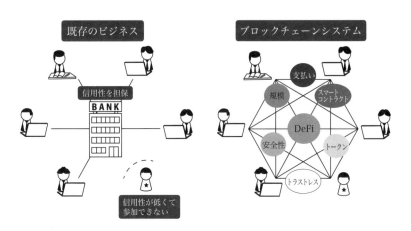

図3・10　DeFiの仕組み

しても誰も改ざんできない．安全な状態で金融がネット上に開放される．株券，車の所有権，法定通貨の所有権，保険などがネット上に流通するイメージを浮かべれば理解しやすい．

(ii)　現行の課題

　現状の金融活動の課題を整理すると

①　世界の発展途上国では銀行口座をつくれなかったり，金融サービスを利用できない人がいる．

②　銀行システムを利用できないことを理由に仕事を得られない人がいる

③　銀行口座がないと給料が受けとれないこともある

④　気づいていないコストとして，銀行に個人情報を抜き取られている

⑤　政府や金融機関は意図的に金融市場を操作・閉鎖することができる

⑥　取引時間や営業時間が限られている

⑦　外国への送金に人間が関わることで，数日かかることがある

⑧　金融サービスには機関が手数料を得るために，プレミアムが乗っけられている．

　これらの課題は，金融のグローバル化，すなわち国境を越えた金融活動の展開を考えた場合，大きな障壁になる．ここにブロックチェーンの技術が導入されつつあり，それによって資本主義の新しい形が形成されようとしている．

(iii)　DeFiに対するブロックチェーンの強み

　改めて，ブロックチェーンの強みは以下のようになる．

①　不正が許されない安全な取引記録ができる

②　止まることなく，永久に記録が保存される

③　個人情報（プライバシー）の問題がない

④　手数料が安い

⑤　スマホがあれば誰でも活動に参加できる

　その肝となっているものが，何度も出ているスマートコントラクトという技術である．スマートコントラクトとは，ある条件の場合にどのような処理を行うかというプログラムをブロックチェーン自体に登録し，条件が満たされた場合にその処理を実行し，その結果もブロックチェーンに記録するという仕組みである．貨幣自体にプログラムを組み込むようなイメージとなるので，プログラマブルマネーと呼ばれたりもする．

(ⅳ)　**ブロックチェーンによって金融活動はどう変わるのか？**

　前節で述べた強みによって，誰もがグローバルに安心して，非常に安いコストで参加することから，金融活動が活発化することは想像に難くない．人類みな平等を実現する仕組みともいえる．言い換えれば，資本主義にとってコアである金融や銀行の仕組みを人をまったく介さずにシステムだけで行うことができるのである．具体的には以下のような革命が起こる．

①　お財布革命

　通貨，仮想通貨，株，債券，不動産，ゴールド，権利，物など価値のあるものはすべてデジタルウォレットに入る．

②　ワールドマーケットの出現

　世界のすべてのものが個人間で売買される．取引の流動性が増し，今まで買い手がつかなかった商品に価値が生まれる．今まで市場に参加できなかった人たちが市場に参加することで市場参加者が増加し，個人間の取引が活発になる．また，これまで価値のつかなかったものに価値がつく．

不正のない安全な取引

手数料が安い

永久に記録される

スマホがあればすぐに始められる

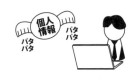
プライバシーの問題がない

図3・11　DeFiのメリット

③　投資革命

あらゆる事業の株が発行され，投資対象が信じられないほど拡大．24時間365日，いつでも超低コストで投資が可能になる．極論，近所にある個人経営の唐揚げ屋の株まで流通する．

④　融資革命

今まで金融業の特権であった融資の権利が個人の手に戻る．1〜20 ％の金利受け取り権利が個人に属する．

⑤　保険革命

世界中の人同士でリスク分散し，保険会社が不要になるので料金が安くなる．共済のワールドワイド版的なイメージとなる．

⑥　物的価値の最大化

個人所有の車，家，土地等あらゆるものを自由に貸すことによって資産価値を最大化できる．借りる側の資産や身元確認情報を担保

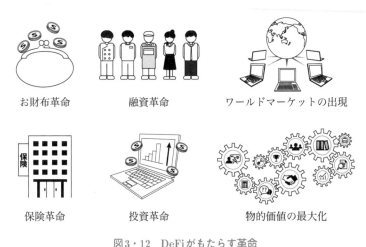

お財布革命　　　　融資革命　　　　ワールドマーケットの出現

保険革命　　　　投資革命　　　　物的価値の最大化

図3・12　DeFiがもたらす革命

に車を借りるイメージ．貸す側は自分の使用しない時間に資産を貸し出すことで所有権を得られる．資産の管理はスマホで可能．

⒱　DeFiの課題

トラブルが起きたらユーザーの自己責任．DeFiではシステム障害などが原因で，サービスの利用中に起きたトラブルは自己責任となる．金融機関が仲介している場合は運営者が明確なため，補償制度がしっかりしているが，DeFiは金融機関が存在しないため補償制度がない．

⒲　本章のまとめ

ブロックチェーン技術を用いて金融のシステムに革命をもたらすDeFiについて説明した．この分散型金融と呼ばれる技術の大きな特徴は，銀行など特定の管理者を通さずに，自律分散的に，誰でも平等に金融サービスを受けることができる．

　さらには，投資や保険にも応用されることで，コストが下がり，機能が拡大，充実することが期待できる．

3.4　DAOとは

　ブロックチェーンによって大きく変わるモノの一つにDAOがある．これは，従来の会社組織を変える仕組みであり，ゆっくり確実に未来社会に取り入れられていく．関心をもっていて損はない，どころの話ではない！　しっかりと学ばなければいけない！　DAO自体は2014年頃からあった概念であり，ここ最近でトレンドワードとなりつつある．しかし，DAOについて調べていても，「複雑でよく理解できない」と感じている人も多いだろう．ここでは，DAOの概要や具体的な事例について解説する．

(ⅰ)　DAO（分散型自律組織）とは？

　DAO（Decentralized Autonomous Organization）は日本語にすると「分散型自律組織」であるが，何のことかさっぱりわからない！　簡単にいうと，ブロックチェーン上で色々な人々が協力して管理・運営される組織のことである．これまでのプロジェクトを動かす組織を考えると，基本的にはリーダーとなる存在（例えば社長）がおり，リーダーの下には階層的な構造がある．そして組織の意思決定はリーダーが行う（階層ごとにリーダーがいる場合もある）．リーダーを選ぶのに民主的な選挙などが行われることはあるが，基本的には中央集権的な構造になっている．一般的な会社組織がこのようである．

　一方これに対してDAOでは，組織内に階層がない，フラットな組織構成となっている．構成するメンバーには全員に投票・意思決定の権限が割り当てられており，方針の決定は定められたルールに基づいた投票・合意によって行われる．さらに，重要な運営資金を

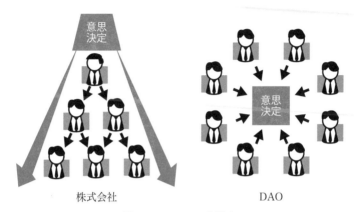

図3・13　DAOの仕組み

どう使うかなども構成員の承認がなければ利用できないようになっている．厳密に民主的な形態だといえるだろう．

(ii) DAOってどうしたらつくれるの？

　では，この組織，どうしたらつくれるのか？　それは，簡単だ！まず，こんなことをしたいっていうビジョンを掲げて，それは良いじゃないかっていう賛同者が集まって，では，みんなに独自トークンを配布します！って，これだけ．トークンとは，そのプロジェクト内の仮想通貨．では，このトークンをもっていたら，何が得するのか？　それは，そのプロジェクトが儲かったときに，トークンをたくさんもっている人にたくさん分配される．つまり，ネット時代の株式会社だ．実際の株式会社は，書類をたくさんつくって大変だったけど，その手続きがスマホでポチで終わり！　プチ株式会社が無限にできるのである．つまり，従来の株式会社の設立，資金調達，意思決定，利益分配がブロックチェーンによってものすごく簡単にスピーディーに行えるようになった．株式会社の圧倒的な民主化，

それがDAOである．例えば，アーティストやインフルエンサーは，ファンを巻き込んで資金調達して，ものすごいプロジェクトを成功させて，ファンにもお金が戻ってくる仕組みができる．

今，メルカリやヤフオクで，要らなくなったものを売ったり，中古品を買ったりすることが普通になっている．つまり，ネットのうえで，みんな簡単に店を開いている．これは，商売の民主化といえる．一方で，DAOでは，簡単に会社をつくっていける，ということはDAOは株式会社の民主化なのである．

(iii)　DAOの特徴ってなに？

つまり，DAOの特徴は以下の通りである．

①　権利をもった中央管理者がおらず，参加メンバー同士で管理・運営

②　透明性が高く，誰でも情報を閲覧できる

③　誰でも組織に参加が可能

①～③をそれぞれ詳しく見ていこう．

①　中央管理者がおらず，参加メンバー同士で管理

DAOは中央管理者が不在であり，組織に参加しているメンバー同士で意思決定する．従来の株式会社の場合，方針の決定は社長や上層組織で行われ，決定されたことを上から下に命令を出す「トップダウン方式」が一般的である．それに対してDAOでは，組織を代表するリーダーが存在せず，参加メンバー同士で意思決定がされる．DAOの方針の決定に関わるには「ガバナンストークン」を保有する必要があり，トークン保有者はDAOの組織運営に対する提案をしたり，方針の決定に関わる投票に参加したりする権利を得られるのである．ガバナンストークンとは，DAOで使用される仮想通貨のことで，保有していれば方針の決定に関われる．

② 透明性が高く，誰でも情報を閲覧できる

DAOは運営方法の透明性が高く，どのようなルールに基づいて運営されているのかが誰でも見ることができる．上記の通りDAOはブロックチェーン上で運営されており，参加者同士の意思で決定されたルールはスマートコントラクトの機能で実行される．スマートコントラクトとは，何度も説明してきたが，一定の動作発生時（契約条件が満たされれば）に，決まったことが実施されるようにブロックチェーン上でプログラムされているものだ．ブロックチェーンはオープンソース（閲覧可能）なので，ソースコードを見ればスマートコントラクトの内容を確認できる．すなわち，どういうルールで組織が運営されるのかが誰でもわかる．これまでの株式会社の場合，組織のルールがすべて明文化，公開されているとは限らず，一社員や外部の者が全体のルールを確認するのは困難である．一方DAOであれば組織の参加者も，そうではない人もソースコードを見ることが可能である．

③ 誰でも組織に参加できる

DAOは誰でも参加できるので，興味のあるプロジェクトを運営しているところがあれば自由にメンバーになれる．DAOには試験や面接がない．株式会社であれば試験・面接を通過し，雇用契約を結んでから働き，辞める場合も同様に契約解除の手続きが必要である．

しかし，DAOであればインターネットに接続できる環境さえあれば誰でも参加できるうえに，ガバナンストークンがあれば組織の意思決定に加われる．

⒤ DAOの本質はインセンティブ革命ってどういう意味？

DAOは，そのプロジェクトに関わったすべての人が金銭的なメリットをもらえるようになっていく．そのインセンティブによって，

それぞれが自律的に組織やプロジェクトの成功のために働くというのが，一番のコンセプトであり，肝である．YouTubeにしても，初期から応援した人に対し，1円の還元もない．iPhoneを初期から買って応援しているユーザーにもないし，ゲームも同じである．でも，彼らも成功に貢献してきたわけである．経営者や一部のメンバー，ベンチャーキャピタルだけが，莫大な利益を享受している．DAOはそういう人たちにも貢献に応じてインセンティブがわたる仕組みになっている．これが，インセンティブ革命と呼ばれる理由である．

(ⅴ)　DAOはメタバースの世界で必須？

　DAOがめざす未来の一つの形は，メタバースである．将来的にはここに人々が移住する計画があるくらい非常に盛り上がっている．世の中には様々な仮想空間がすでに開発され始めている．日本も国家を挙げてこれを応援する話がある．今後発展しそうなメタバースとこれまでの仮想通貨の発展をセットにして考察すると，非常に面

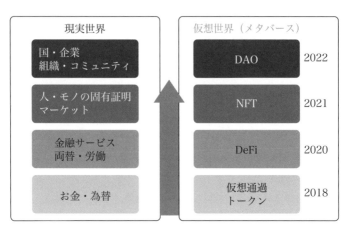

図3・14　現実世界とメタバースの違い

白いことが見えてくる.

2013年にスマートコントラクトの機能をもつイーサリアムが発明され,誰でもトークンを発行できるようになった.これは,仮想空間内でのお金の概念が誕生したと考えることができる.次の第2段階ではイーサリアムのブロックチェーンで様々なアプリが開発されたことで,DeFi(分散金融)が発達,アプリを通してトークンの交換や貸し借り,投資,ゲームでお金が稼げる,などインターネット上で様々なことが実現できるようになった.メタバース上でお金の活用方法が増えた.仮想空間でも資産形成ができたり,生計を立てたりすることもできることとなった.

そして第3段階にいくと,NFTの誕生で,アートや音楽などのデジタルデータの一つ一つにそれぞれの価値をつけることができるようになった.コピー不可能なのでアーティストの権利を保証でき,それらに値段をつけて売買することもできるようになった.するとNFTはメタバース空間にどんな可能性をもたらすのかというと,デジタルグッズのマーケットが生まれ,人々の買い物が可能になる.もう一つ,私たちの分身であるアバターに会員権,国籍,ID(身分証明)を発行でき,NFTによって仮想空間内のモノとヒトがより現実に近づいていることがわかる.

第4段階ではDAOが構成される.DAOがメタバース空間に何をもたらすかというと,それはコミュニティ,組織,国などヒトが所属する居場所を提供する.仮想空間で様々な場所で共通に使える通貨があればそれは一つの国を形成しているともいえる.その仮想国のトークンを分散型取引所で交換して手に入れ,そのトークンでいくらかの税金を国に納めれば居住権が得られる.すると,国のIDをNFTで発行してもらえ,出入りが自由になる.またその国でトーク

ンをもっていると様々なメリットを得られて，その国で使えるポイントがエアドロップでもらえる．エアドロップとは空から降ってくるという意味をもっており，マーケティングキャンペーンなどの一環として自社で発行した仮想通貨やトークンを無償でユーザーに配布するイベントのことを指す．

　なぜ今，DAOが注目されるのか，それはこのメタバースの構成要素だからということである．他の仮想通貨の発展を考えるとDAOは不可欠な構成要素であり，今後成熟するために一つのブームをつくるはずだ．次世代の働き方は投資家に近くなる，今仮想通貨に投資する意味はそこにもある．

(ⅵ)　DAOの代表的な事例

　ここで，DAOに分類されるいくつかの組織を紹介しよう．意外な組織があることに気づくはずだ．

(1)　ビットコインやイーサリアムもDAO

　ビットコインやイーサリアムも，ブロックチェーン上で一定のルールに従って運営されているため，DAOであるといえる．例えば，ビットコインの取引はネットワーク参加者によって処理・記録され，ブロックチェーンへの取引記録の完了後に新たなビットコインが発行される．こうした一連の流れはブロックチェーン上でプログラミングされており，オープンソースであるため誰でも閲覧可能である．閲覧できることに加えて，ビットコインの承認作業には誰でも参加できるし，新規発行されたビットコインを受け取れる．ただし，ビットコインのマイニングをするためには専用のマシンを用意しなければならないから，新規参入は困難だ．さらにビットコインはこれまでに複数の参加メンバー同士による合意形成によって改良を重ねてきていて，その結果として「ビットコインキャッシュ」や

「ビットコインSV」などのように別の派閥が誕生したケースもあった．ビットコインもブロックチェーン上で複数の参加者によって管理・運営されてきているため，DAOだといえる．

(2) MakerDAO

MakerDAOはイーサリアムのブロックチェーンを活用しており，ステーブルコインであるDAIを発行できる．ステーブルコインとは，一般的にドルやユーロなどの法定通貨の価値と連動した仮想通貨のことで，DAIはドルの価値と連動している．MakerDAOでは誰でもドルのステーブルコインを発行することが可能である．さらにMakerDAOではMKRというガバナンストークンを利用していて，DAO内での意思決定に関わる際に必要になる．

(3) PleasrDAO

PleasrDAOはNFT（非代替性トークン）の収集をするDAOであり，投資家同士で資金を出し合ってNFTを購入している．NFTは，画像や動画・音声データの権利をやり取りするためのブロックチェーン上のデータを指す．PleasrDAOはNFTを担保にして，DeFiプロトコルである「Cream Finance」から仮想通貨を借りたことで知名度を上げた．ここで，DeFi（分散型金融）はブロックチェーンを使用した金融サービスのことで，多くのDeFiはDAOで成立している．これまでのDeFiでも融資を受けるのは可能だったが，NFTを担保にして資金の借り入れをしたDAOはPleasrDAOが初めてであった．

(4) 和組DAO

現在日本では「和組DAO」と呼ばれるDAOが注目されている．和組DAOは，WEB3.0について話し合うことを目的としたオープンコミュニティであり，DAOやDeFi・NFT・ブロックチェーン・メタバースなどに関心のある初心者から起業家までが参加している．

メンバーは2022年2月時点で3 700人を超えていて，アクティブな
DAOの一つである．和組DAOの目的は「WEB3.0に理解のある日
本人を増やすこと」であり，実際にNFTを購入したり，DAOの意
思決定に携わったりできる人を増やしていくのを想定している．

⑸　BitDAO

　DAOのなかでも，メジャーなタイプであり，世界中から投資資金
を集めで有望なプロジェクトに投資するのが主な目的である．この
DAOは仮想通貨取引所の一つであるBybit（バイビット）が主導して
いる．参加者によって拠出された資金を1ドル単位で公開している．
現時点で3 000億円もの膨大な投資資金が集まっている．BitDAO
（BIT／ビットダオ）の今後の将来性を予想するポイントとして，DeFi
への注目がある．DeFi（分散型金融）は，運用形態や公平性の点から
現在注目が集まっている分野である．日本でも分散型金融を推進す
る組織JDA（Japan DeFi Alliance）が発足するなど，DeFiの普及へ
の関心が高まっている．そのため，BitDAOが出資しているDeFi
市場が活性化することでBitDAOの利益が高まると同時にビットダ
オ（BIT）へ注目が集まる可能性がある．

⑹　ゲーミングギルド系DAO

　有名なのはブロックチェーンゲームのゲーマーが集まるギルド
「YGG」である．こちらのDAOに参加すると，ゲーマー同士で情
報交換ができたり，新作のゲームを優先的にプレイできたりする．
YGGは現在，人気があり複数のゲームとパートナーシップを結ん
でいる．DAOには多くのゲーマーが集まっているので，開発者に
とって新しい顧客をゲットする良い機会となる．

⑺　DAOの課題

　全員参加型のシステムなので，意思決定までに時間がかかり，誰も

が参加できてしまうがゆえに，決定が組織にとって必ずしもメリットのある方向へ行くとは限らない．また，スマートコントラクトにバグやセキュリティ上の問題があったとしても，同意決議がなければ修正もできない．実際，イーサリアムでは「The DAO 事件」として知られる，スマートコントラクトの脆弱性を突いて資金が盗まれ，解決策を巡ってイーサリアム自体が分裂するに至った騒動も起きている．

　また，まったく新しい仕組みのため，まだ法整備等が追いついていないというのが現状だ．関係者が世界中に分散している可能性もあるため，もし法廷闘争になれば，極めて複雑な状況になるだろう．

　まだまだ未完成な部分もある DAO だが，インターネットの時代を象徴する組織でもある．今は暗号資産コミュニティでの利用が中心的だが，今後も普及が続けば，近い将来，例えばクラブ活動や PTA などが DAO として運営される時代がやってくるのかもしれない．

(ⅷ) DAO の未来

　DAO が十分に増えた社会では，企業ではなく DAO で働く選択肢が一般化するだろう．世界を見渡せばすでに DAO でフルタイムで働く人も生まれている．まだ，わずかだがこれから，大幅に増えるかもしれない．DAO で働くワークスタイルは，従来の企業よりもずっと自由で，実力主義になるだろう．DAO で働くことは今でも可能なので，「DAO を名乗っている組織」を探すと良い．

　DAO で働く場合，一般的に，仕事の報酬は法定通貨ではなくトークン（仮想通貨）になるだろう．現時点でも多くの DAO は貢献者に報酬としてトークンを配布している．報酬としてトークンをもらい，その価値が跳ね上がる可能性がある．未上場のベンチャー企業では従業員に株式を配布する「ストックオプション」という制度があるが

これとも似ている．将来性のあるトークンを獲得できることもDAO
で働く面白さといえる．

(ix) 本章のまとめ

　ここでは，ブロックチェーンがつくる未来の会社の仕組みとして
DAOを紹介した．DAOとは，リーダが存在せず，誰でも参加でき
て，参加者で運営する新しい仕組みである．株式会社が民主化され
たDAOは，スマートコントラクトによって出現した仕組みだ．イ
ンセンティブによって，それぞれ参加者が自律的に組織やプロジェ
クトの成功のために働くというのが，一番のコンセプトであるため，
インセンティブ革命と呼ばれる．現状では仮想通貨のコミュニティ
が主催しているケースが多いが，メタバースが発展した未来では，
多くの種類のDAOが活躍することになるだろう．DAOのコンセプ
トをしっかりと理解し，来る未来に備えたい．

3.5　WEB3.0

　ブロックチェーンの発明によって，インターネットの世界も大き
く変わろうとしている．WEB3.0はインターネットを根本から変え
る巨大なトレンドといわれている．これを理解することは，いろん
な意味で意義のあることなので，しっかり見ていきたい．「次世代の
インターネット」とも呼ばれているWEB3.0であるが，多くの人に
とってはまだその明確な姿が見えない，曖昧な概念である．この章
では，その発祥や歴史，WEB1.0，2.0との違いや，実現に向けた取
り組みとそれを支える技術について説明する．

(i) インターネットの歴史

　インターネットは，今や私たちの暮らしになくてはならないもの
である．その歴史は浅いが，短い期間にギュッと濃縮されている．

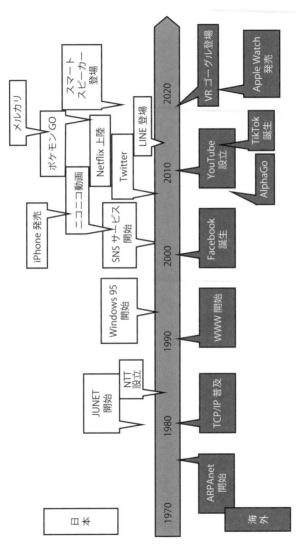

図3・15　インターネットの歴史

誕生から瞬く間に発展したインターネットは，どのように普及した
のか，その歴史を見ていこう．

(1)　1969年 –「世界初のインターネット『ARPAnet』が誕生」

　1969年，アメリカで現在のインターネットの起源ともいえる
「ARPAnet（Advanced Research Project Agency Network）」が誕生す
る．世界初のインターネットは次の4拠点を接続して運用が開始した．

・カリフォルニア大学ロサンゼルス校

・カリフォルニア大学サンタバーバラ校

・ユタ大学

・スタンフォード研究所

　核兵器にも耐えられる通信システムの研究として考案されたのが
「ARPAnet」であった．始まりは軍事目的であったが学術にも利用
できることから，世界各国で研究機関や大学，コンピュータ関連企
業のネットワークが誕生し，ネットワークが徐々に広がった．

(2)　1983年 –「ARPAnetでTCP/IPの利用を開始」

　TCP/IPが生まれる前，ネットワークはそれぞれの通信ルールで
情報のやりとりをしていた．しかし，これらは独自のネットワークの
ため，別のネットワークと通信する際に不都合が生じてしまう．そ
こで生まれたのが，TCP/IPである．TCP/IPとは，インターネッ
トで通信をする際に用いるルールの一つである．こういうときはA
の手順でインターネット接続をして，それができなかったらBの手
順で接続をする，といったように手順書の役割をもっている．今ま
でそれぞれ違う通信ルールを使っていたネットワークが，TCP/IP
という共通のルールを使用することによって，インターネット接続
がより便利に行えるようになった．これにより，インターネットは
さらに普及した．

⑶　1984年 –「日本のインターネットの起源『JUNET』誕生」

　1984年，日本で初めてのインターネット「JUNET」が誕生した．誕生当初は，日本の3大学を中心にネットワークが構成され，実験的に運用が開始された．

・東京大学

・東京工業大学

・慶應義塾大学

　最初はこの3大学のみだったが，徐々に大きくなっていき，最終的に約700の機関を結ぶネットワークへと成長した．

⑷　1987年 –「世界初のインターネットプロバイダサービスの誕生」

　1987年，世界初のインターネットプロバイダサービス「UUNET」が誕生した．ここまで紹介したネットワークは，しっかりとした目的があってつくられていた．そのうえ，通信が不安定で，インターネットを使いたいという理由だけでは使用できなかった．しかし，インターネットの利便性に魅力を感じた企業などから，安定したネットワークが欲しいという声が多く出た．そういった企業のニーズを満たすため，非営利のインターネットサービスが誕生した．その後，1990年にインターネットの商用サービスが解禁された．

⑸　1993年 –「日本でもインターネットの商用利用が解禁」

　インターネット接続を希望する企業が増え，それに応える形で「IIJ（Internet Initiative Japan）」が設立された．これが日本で初めてのインターネットサービスプロバイダの誕生である．さらに同年には，イリノイ大学の大学院生マーク・アンドリーセンがWEBブラウザ，「モザイク（Mosaic）」を公開した．これによりWWWブームを迎え，インターネット拡大を後押ししていった．

⑹ 1995年 –「Windows 95 が発売し一般に普及する」

　1995年には，日本でインターネット接続ができる Windows 95 が発売された．個人で簡単にインターネットを利用できることから，一気に普及してきた．これにより，企業から個人へとインターネットが広まった．さらに，このインターネット普及には同年に起きた阪神・淡路大震災も追い風となっている．この時，ボランティアの人々がインターネットを駆使して，海外の支援者とも連携し活動していた．大活躍したインターネットは震災をきっかけに，社会に広く認識された．そこへ個人でインターネットを使える Windows が発売され，利用者が急増した．それまで埋もれていた情報が表に出てきて，企業や個人が自由に発信できること．これこそが最初のインターネットの革命であり，この時代が WEB1.0 と呼ばれる．

　そして，2005年からいよいよ WEB2.0 の時代が始まる．Twitter や Facebook などの SNS の登場により，WEB2.0 は急速に盛り上がり，今や SNS はインターネットを覆いつくしている．WEB1.0 の時代はパソコンが必須であったが，WEB2.0 ではスマホの普及によって SNS の拡大を後押しし，YouTube や TikTok 動画の配信も容易になった．WEB1.0 はつながりが希薄であり，そして発信される情報は，ホームページによる主にテキストと解像度の低い画像だったが，WEB2.0 では，リッチなコンテンツで，双方向の情報交換が可能となった．そして，その現象は GAFA のような巨大企業を生み出し，今後も，この傾向は伸び続けることが予想される．GAFA とは Google，Apple，Facebook，Amazon の頭文字をとった巨大テック企業の総称である．これに Microsoft を加えて，GAFAM ということもある．

(ⅱ)　WEB2.0を支えてきた通信インフラの高速化

　WEB2.0がここまで発展してきた大きな要因は，通信インフラの高速化であった．約20年前の1990年代後半，ダイヤルアップ接続やISDN接続をして，人々はまだ発達段階だったネットの世界を徘徊していた．当時のシステムがあのまま現在まで生き延びていたならば，間違いなくWEB2.0といわれる変革が起こることはなかったであろう．Amazonでゆっくり商品を眺めることはなかっただろうし，ブログで日記をつけている人はこまめにネット上で更新することはなかっただろう．そして，はたしてどれだけの人が掲示板に書かれた他人の質問に通信料をかけてまで親切に答えただろうか．

　2000年代に入り，既存の電話回線をそのまま利用でき，常時接続でインターネットにつなぎ放題であるADSLが一気に普及し始めた．毎秒数メガバイトの通信速度を定額で使えるようになり，ブログやSNSなどのサービスが次から次へインターネット上で開始された．光回線が一般家庭にまで届くようになった今では，それまでの低速通信の時代から，WEB上のコンテンツだけでなく，人々がWEBに期待するもの・求めるものがガラリと変わった．ごく一部の人たちのコミュニティだったインターネットが今やWEB2.0の重要なファクターであるブログ，SNS，フォークソノミーなど様々なコンテンツを提供するようになった．

　WEB上にコンテンツが増えたことでインターネットはもはやコンピュータ愛好家だけのものではなくなった．料理や盆栽など個々人の趣味を綴るブログや，情報交換のためのコミュニティサイトがインターネット上に作成され，これまでインターネットの世界とは無縁だった人たちもインターネットを媒体としてつながりあえるようになった．インターネットのためのインターネットは終わり，イ

ンターネットは人々の目的を実現する手段になった．

　現在ドコモ光，ソフトバンク光，楽天ひかり，ビッグローブ光，OCN 光など，多くの回線会社が光回線のサービスを開始している．各社の価格競争の結果，光回線を利用するために必要な費用は ADSL と同程度までに下がった．毎秒 128 KB のデータ転送速度の ISDN 回線で喜んでいた 20 年前には考えられないことである．光回線は毎秒数百メガバイトのデータ転送速度を実現している．WEB 上のサービスは大量の動画をアップロードして他の人と共有するサービスや，インターネット上のテレビ局による動画サービスなど高速回線を必要とする WEB コンテンツ（ブロードバンドコンテンツ）が多くなり，これまでになかったインターネットの楽しみ方ができるようになった．

⒤⒤⒤　WEB3.0 とは何か？

　時代は，WEB1.0 から 2.0，そして 3.0 に向かっていくわけだが，ここで注意すべきは，WEB3.0 は 2.0 の発展型ではなく，2.0 をすっ飛ばして WEB1.0 の理想的な形だと見られている．WEB1.0，すなわちインターネットを発明した人たちの思いは，個人をつなげて，国境を越えてつなげることであった．ところが，インターネットのサービスを充実させるためには，GAFA のような監視者が必要で，また，ビジネスの側面から WEB2.0 に移行せざるを得なかった．しかし，ブロックチェーンの発明によって，本来のインターネットのあり方が実現できるようになった．WEB3.0 とは，主にブロックチェーン技術によって実現されようとしている，新しい分散型の WEB 世界のことである．その目的は，GAFA をはじめとするデータとコンテンツを独占する巨大テック企業の支配力を奪い，オンライン上のパワーを均等に分配することである．WEB3.0 はイギリス

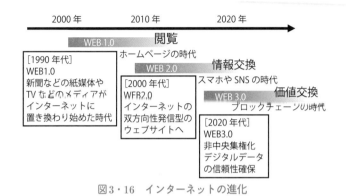

図3・16　インターネットの進化

のコンピュータ科学者であるギャビン・ウッド（Gavin Wood）氏が
言い始めた新しいインターネットのあり方を指した言葉である．そ
れは初期のインターネット時代の良さと今の便利な時代の良さが融
合する世界だといわれている．さらにそれぞれの時代に存在した問
題点が克服できると期待されている．

(iv)　なぜWEB3.0は必要か？

　ここまで振り返ってみると，今のままで十分ではないかという人
が多いと思われるが，実は大きな問題が発生しつつある．

・個人情報やプライバシーの問題

・国や特定の企業による中央集権

昨今，〇万人の個人情報が流出したというニュース記事や，個人の
知られたくない情報が無断で投稿されるというケースが頻繁に発生
している．また，〇〇氏のアカウントを永久に停止するとか，中国
はGAFAのサービスの利用禁止，米国はTikTokを禁止したなどと
いうニュースもよく耳にすることである．

　また，Amazonからはお薦めの映画や書籍の案内，YouTubeでは

あなたにお薦めの動画が毎日届くのは，ユーザーの個人情報をしっかり把握されているためである．彼らにとっては，ユーザーは顧客でなく，「商品」なのである．

(v) WEB3.0が解決するもの

以上の問題を背景として，WEB3.0は具体的に以下の問題を解決すべく動き出している．

① プライバシーの問題：サービス利用時に個人情報を提供しない．しつこいターゲティング広告は過去の話．

② 中央集権の問題：完全に匿名で利用できる．国家が利用を制限することもほぼ不可能．中国は仮想通貨を全面的に禁止しようとし

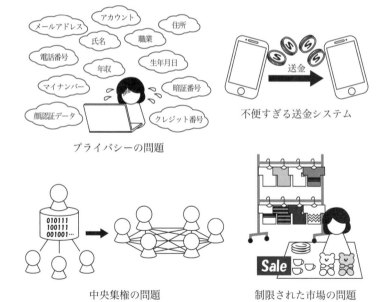

プライバシーの問題

不便すぎる送金システム

中央集権の問題

制限された市場の問題

図3・17　WEB3.0が解決する問題

ているが禁止しようがない．VPN（ここでVPNとは，「Virtual Private Network（仮想プライベートネットワーク）」の頭文字をとった略語で，インターネット接続とプライバシーを保護する仕組みのことをいう）とDeFiを使えば問題なし．

③ 小便すぎる送金システム：銀行経由は超絶面倒．時間も手数料もすごくかかる．WEB3.0なら一瞬で送金可能．銀行を介在しない完全なP2P．相手のアドレスだけで送金可能．メールより簡単にお金が送れる．今まではお金はWEBに完全に乗っていなかった．WEB3.0はお金がインターネットに完全対応．

④ 制限された市場の問題：WEB3.0は真のグローバル市場をつくる．そもそも国が制限して使えないこともよくある．WEB3.0は国境のない共通通貨，自分の商品を世界共通の市場に並べることができる．WEB3.0は究極の市場を実現する．

⑹ WEB3.0の特長

これまでの世界とは異なり，ブロックチェーンを使ったプラットフォームに展開できる新しいWEBのあり方がWEB3.0である．その特徴は以下のようである．

① 一元的な管理者が存在しない！

利用者がそれぞれ自分しか知りえない秘密の情報を使ってアクセスする．プラットフォーム管理者はおらず，自分のアクセス権が侵害されることはない．

② データの所有権をユーザー本人がもつ

すべての利用者はプラットフォーム上にユーザーディレクトリ（ここでユーザーディレクトリとは，ユーザーに関する情報を格納することである）に対する完全な所有権をもっており，データと情報を自分の意志によってのみコントロールできる．

③　マシンもプログラムもダウンすることはない！

システム全体を支えるインフラが分散しているため，それらすべてをオフにしない限り，マシンもプログラムもダウンすることはない．

④　誰でも誰とでも自由なやり取りができる

　ブロックチェーンのプラットフォームは管理者がいない公共空間である．ビットコインという「デジタルゴールド」を個人間でやり取りできたように，ユーザーは誰に断ることもなく，価値・権利・情報をデータ化してインターネット上で自由にやり取りができる．

⑤　すべてのデータは固有の情報として資産価値をもつ

　プラットフォーム上のデータはユーザーのデジタル署名によって，開示されたり，共有されたり，移転されていくが，コピーによって増殖することはできない．また，ユーザーが所有権をもつデータは改ざんされない．これにより，データそのものに現実世界と同様な価値をもたせられる．

⑥　同じプラットフォームを利用しているために相互運用性が高い

　ブロックチェーンに実装したプログラムはどのユーザーがどんなデバイスを用いても，ブロックチェーンにアクセスできる限り，利用することが可能．また，誰かが作製した公共のコントラクトは誰がどう使っても構わない．

(vii)　すでに始まっているWEB3.0

　まず，一つ目の例がBraveというブラウザのサービスになる．こちらはプライバシーを最優先に考えられたWEBアプリである．WEB2.0での問題となるWEB広告やトラッキングをブロックしてくれるような特徴的な機能をもっている．トラッキングとは，サイトを訪れたユーザーのネット上での行動を記録・追跡することである．関連するデータはサーバー上では管理はされずに，すべて個人のパ

一元的な管理者が
いない

データの所有者を
ユーザー本人がもつ

ダウンすることが
ない

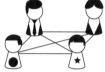
誰とでも自由に
やり取りができる

すべてのデータは
価値をもつ

相互運用性が強い

図3・18　WEB3.0の特長

ソコンに保管される．ブラウザの開発会社でさえ，個人のデータを
のぞくことができない仕組みになっている．また，マルウェアなど
の外部からの攻撃も防ぐ．マルウェアとは，不正かつ有害に動作さ
せる意図で作成された悪意のあるソフトウェアや悪質なコードの総
称．これからの時代にマッチしている仕組みになっていて，Google
のクロムやサファリに代わるサービスになる．このブラウザは使え
ば使うほどバットという仮想通貨がもらえる．このようにお金をも
らえるブラウザなので，爆発的にシェアを伸ばしている．

　次がパンケーキスワップと呼ばれる分散型仮想通貨取引所（DEX）
のサービスである．仮想通貨の交換によって年間の収益は150億円
以上．運営者たちは完全な匿名の「シェフ」たち．どこがすごいの
かというと，利用時にID/パスワードは不要なのである．WEB2.0
はID/Passが絶対必要であるが，WEB3.0はID/PASSは不要なの

である！　したがって，個人情報が流出することはありえないので個人情報が悪用されることもない．ネットさえあれば，誰でも使えるのが大きな特長である．ここでは，追加のサービスとして，お金の貸し借りをブロックチェーンで実現している．通常，ビットコインとイーサリアムを交換する場合は，コインチェックやビットフライヤーなど中央集権的な取引所が使われる．このような場合は，取引所側が強い独占権をもっているので，コインの上場などは企業の都合で決められたり，アカウントが凍結されることがある．ところが，パンケーキスワップなどの分散型取引所の場合は，当然管理者がいないので，誰でも自由に流動性を提供できる．ウォレットのアドレスだけで，どんなサービスも活用できる．また，パンケーキスワップも個人情報を管理していないので，漏洩の心配がない．企業の場合，人件費を確保するために手数料がとられるが，DEXはそのような経費がかからないので，その分，利益が利用者に直接還元される．

　次にAxie Infinityという仮想通貨を使ったゲームがある．こちらはNFTを利用したブロックチェーンゲームになっていて，ゲームに使うキャラクターがNFTで，これらを購入することによって，初めてゲームをスタートできる．このキャラクターはNFTなので，それぞれ価値があるので，その所有権についても，基本的にはユーザー側にある．また，Play-to-earnという考え方を採用しているので，ゲームをプレイすることで，仮想通貨をGETできる．要はお金を稼ぐことができるゲームである．

ⅷ　WEB3.0で変わる電子書籍の世界

　近年，電子書籍のKindle本は人気が非常に高くなっている．この仕組みがWEB3.0でどう変わるか考えてみよう．Kindle本が抱える

問題点は，大きく分けて2つある．

① 中古販売できない

② 運営会社次第で本が読めなくなる

当たり前だが，紙の本なら読み終わった後にブックオフやメルカリ
で売れる．しかし，電子書籍は売買できる仕組みがない．そのため
買った本が失敗したと思っても，中古で売れないので，損して終了で
ある．つまり，Amazonにお金を払って終わり，という状況である．

　また，会社の倒産も考えられる．そうすれば，本が読めなくなる．
それからアカウントの追放も考えられる．つまり，Kindle本をたく
さん買っていても，Amazonから追放されたら，本が読めなくなる
可能性もある．

　上記で確認したKindle本の問題点は，本がNFTになれば問題を
解決できる．WEB3.0の世界では個人間でNFTのやり取りが普通
になり，NFTの本をやり取りするようになる．紙の本と電子書籍が
同じ立ち位置になる感覚が近い．つまり，本がNFTになれば個人で
売買できるようになる．現実の本と同じように扱えるのである．し
かも，NFTでは中古市場で二次流通すると作者に利益が入る仕組み
となっている．NFTはブロックチェーンの技術により，販売経路が
追えるようになっている．そのおかげで，転売されたときに作者に
利益が入るようになっている．現状の紙の本では，中古販売されて
も作者に利益が入らない．

　それから，運営会社がそもそも存在しないので，運営会社次第で
本が読めなくなることがなくなる．例えば，運営会社の倒産に相当
するのは，ブロックチェーンがなくなることである．しかし，イー
サリアムなどのブロックチェーンはよほどのことがない限りなくな
らないと考えられている．そのため，一度買ったNFT本が読めな

くなるということは基本的に起こらない．それから，WEB3.0の世界では，運営会社のような強い権力をもった人が存在しない．つまり，アカウントを追放されることはないというわけである．NFTはウォレットに個人のもちものとして存在し続ける．「所有」の概念をウェブに持ち込むことができる．このようにWEB3.0は超巨大なイノベーションである．

(ix)　WEB3.0がつくる未来

　WEB3.0の世界では，誰もが自由につながり経済活動が行える．ブロックチェーンは国境を越えた世界共通の決済基盤．WEB3.0ではデータは所有者のもの．WEB1.0はリードオンリー，WEB2.0はリード＆ライト，WEB3.0はリード＆ライト＆オウン．インターネットに所有権が生まれたのがWEB3.0である．外国と商品を売買するのは当たり前の時代になりつつある．そもそも取引は匿名で行われるから国境は問題にならない．今の資本主義はがんじがらめに縛られているが，国家，既得権益，古い習慣，古いシステムをWEB3.0はこれらを壊す．そして企業や国ではなく個人が主役になる時代の到来である．封建的なWEBから真の自由市場に向かって世界経済を人間主体で作り直すムーブメントと考えられよう．

　しかし，WEB3.0はすぐに実現するわけではない．ただ，この方向性を見据えたプロジェクトやサービスはものすごい勢いで研究や開発が進められているのも事実である．今は，仮想通貨やNFTを理解する一部の人たちのものであるが，もうまもなく世界に広がり，僕たちを新しい世界に連れて行ってくれるだろう．

(x)　WEB3.0の課題

①　参入障壁の高さ：慣れないと最初は時間がかかるので，ITリテラシーと仮想通貨に関する知識が必要である．また，英語で書か

ているものも多いので，日本人にとっては，これもハードル．

② すべてが自己責任になる：ウォレットアドレスを紛失すると中味（重要なデータや資産）を取り出せなくなるなどの被害が出る．このような状態になっても，サポートセンターがないため，誰にも相談できなくなる．

⑾ 本章のまとめ

　本章では，国家戦略にも取り入れようとするWEB3.0の技術について紹介した．軍事目的でネットが生まれてから，1995年のWindowsの発売によって，ネットは一般人に爆発的に利用されることとなった．テキストデータを一方的に発信するHPの時代をWEB1.0，SNSによって誰もが発信できる今の時代をWEB2.0と呼ばれている．一方で，ネットの発達はGAFAMと呼ばれる巨大企業を生むことになり，消費者であるはずのユーザーの情報が商品化され，プライバシーの流出が大きな問題となった．この問題を解決すべく提案されたWEB3.0は，個人情報をさらさなくてもグローバルに取引ができることになり，効果が期待されている一方で，操作ミスをカバーする機関や回復する方法がないため，広く普及するまでにはハードルが高いという課題がある．

3.6　メタバース技術

　まさにこれから，ゲームだけでなく，ビジネスや教育，医療などいろんな分野でメタバースの世界が盛り上がろうとしている！　前章で，ブロックチェーン技術が，NFTの仕組みを創造し，その仕組みが世の中を大きく変えつつあることを紹介した．本章では，30億人のユーザーを抱えるFacebookが社名を変更してまで，参入しようとするメタバースの世界について調べてみよう．メタバースの世

界の発展においても，ブロックチェーンの技術が大活躍！ここでは，ブロックチェーンがどのようにメタバースに関わっているのかについて，特に注意して見てみよう．

　私たちの生活は，スマートフォンの登場によって大きく変わった．今やスマホがない生活は考えられない．スマホが出現する前に，こんな状況を想像できた人がいただろうか？　同じような変化，いやもっとすごい大きな変化が起こる．今がスマホに象徴されるモバイルプラットフォーム全盛期だとすれば，次の世界はどうなるか？次にやってくる大きな変革，それがメタバースだ．

(i)　メタバースって何？

　メタバースとは，メタ（meta：超）とユニバース（universe：宇宙）の合成語である．メタという言葉は，ある世界から超越した世界，次元が異なる高次元の世界，といった意味合いで使われる．インターネット上につくられた3Dの仮想空間ともいえる．私たちが暮らしている実世界に対して，それと次元の異なる世界といった意味合いが，メタバースという言葉の語源になっている．これは，仮想現実の世界をインターネット上につくってしまうという試みで，アニメ映画「サマーウォーズ」のOZ，ソードアートオンラインの世界，ファイ

図3・19　メタバースとは

ナルファンタジーなどオンラインゲームの世界が現実のものになると考えるとイメージしやすい.

　この言葉が最初に登場したのは, わりと最近の1992年でNeal Stephenson氏のSF小説「Snow Crash」である. この小説で多数の参加者が自由に行動できる仮想世界が描かれており, その世界のことをメタバースと呼んでいた. 小説の主人公はヒロ・プロタゴニスト. 現実世界では高速ピザ配達人だが, フリーランスのハッカーでもある. 彼は現実では6×9メートルの非常に狭い部屋で暮らしている. しかし, 部屋でゴーグルとイヤホンを着け, メタバースの世界に入り込むと, そこでは繁華街の近くに豪邸をもっている. メタバースの大通りであるストリートの全長は6万5千キロと地球の円周よりもずっと大きく, そのとおりには常に数千万人の接続した人間がいるという, 文字通り現実離れした世界が描かれている.

　現在でも, メタバースは基本的に同じ意味で使われている. 多くの人がとらえているメタバースの意味は, 「インターネットを通じてアクセスできる3次元仮想世界で, 同時に多人数が参加してコミュニケーションできる世界」. 厳密な定義はなく, 人や企業によりメタバースの指す内容が異なっているのが実態である. このメタバースに大企業が続々と参入している. ディズニー, マイクロソフト, ラルフローレン, パナソニック, ルイ・ヴィトン・・・業種を問わず次々と. その背景には, 仮想空間に集まる人がめちゃくちゃ増えているからである.

⑾　メタバースの定義

　メタバースにきちんとした定義はないが, もし, 強引にメタバースを定義すると以下になる.

①　永続的である：つまり, 「リセット」や「一時停止」や「終了」を

せずに，ただ無限に続く．従来のTVゲームはスイッチを切ったら終わりだが，メタバースはユーザーの意志に関わらず，ずっと昼夜を問わず存在し続けること．

②　同時多発的にライブであること：すべての人にとってリアルタイムに一貫して生きていけること．インターネットの歴史を振り返ると，コミュニケーションという本質は変わらないものの，初めは技術的制約もあり同時体験を重視していなかった．しかし，スマートフォンが普及し5Gの運用も開始された現代の通信環境では，インターネットの同時性，リアルタイムな体験が常識となっており，ライブ配信やオンライン対戦ゲームを誰もが楽しんでいる．

永続的である

リアルとバーチャルの垣根がない

同時多発的にライブ

各世界で共通

接続無制限

平等である

経済が機能する

身体感覚がある

図3・20　メタバースの定義

③ 同時接続ユーザーに制限がなく，各参加者に「存在感」を与える：誰もがメタバースの一部となり，特定のイベントや場所，活動に同時に参加することができる．メタバースは現実を越えなくては意味がない．現実では物理的な制限があり，どんな広い場所でも入れる人数には限りがあるが，メタバースならその制限を外すことができる．

④ ちょっと難しい表現だが，完全に経済が機能すること：簡単にいうと，個人や企業が，メタバースで創造，所有，投資，販売することができ，他の人にとって価値のある仕事に対しては報酬を得ることができる．文明がこれだけ発達できた背景には，「価値の交換」が存在する．人間は一人一人生まれも違えば趣味嗜好も違う．それでも社会というシステムがうまく動作し，自立的に発展できたのは，通貨等を媒介として価値の交換ができたからだ．たくさんの人が集まったシステムを考えるうえで，経済性の存在は不可欠といえる．経済性はメタバースが持続的に発展していくための重要な条件となる．デジタル空間で何かをつくったり，保有したり，売買したりできることが求められる．

⑤ 体験に垣根がない：メタバースはデジタル世界とフィジカルな現実世界をシームレスにつなぎ，プライベートとパブリックなネットワークおよび体験をまたぐ存在であるべきである．デジタルですべてを簡潔するのではなく，フィジカルな世界とも連動すべきである．

⑥ 各世界で共通的に使えること：メタバースのそれぞれの世界で利用するデータ，アイテム，アセット，コンテンツなどを，各世界で相互に使うことができる．一つのメタバースにサービスを集約させていくクローズド・メタバースという概念に対し，複数のメタバースがゆるやかにつながるオープン・メタバースという概念が提唱されている．

⑦　色々な役割をもった人たちによって作成，運営されること．独立した個人もいれば非公式に組織されたグループや商業目的の企業など，幅広い貢献者によって運営・作成されているコンテンツや体験が存在する．企業や個人を問わずだれでも参加でき，何かを売ったりサービスを提供したりして，コンテンツがあふれている状態でないといけない．現実世界は誰のものでもない．だからこそ，計算機によってシミュレートされた世界としてもメタバースも公共性が重要視される．

⑧　身体性がある：メタバースが従来のインターネットと最も異なる点，それは身体性（身体感覚）の有無である．メタバースはディスプレイの向こうにデジタル世界が広がっている状態ではない．自分自身がデジタルの世界に入り込み，そのなかで住んでしまっているという感覚が重要である．デジタルでフィジカル（身体）を実感できることがメタバースである．

(iii)　メタバースの歴史

　メタバースは2021年になって再注目されているが，元々は2006年ごろに注目された言葉だった．当時，メタバースとして最先端のサービスだったのが，Second Lifeである．

　リンデンラボという会社がSecond Lifeをリリースしたのは2003年であった．仮想世界の中で参加者は自分で決めたアバターになって歩き回り，他のユーザーとコミュニケーションをとることができた．この世界では"リンデンドル"という仮想通貨で物を売買できた．特に注目されたのがSecond Life内の土地の売買である．投機目的も含めて，一時期は土地の売買が過熱した．個人のユーザーだけでなく，多くの企業が参加し，金融機関，IT企業，自動車メーカー，メディア等がこの世界で新製品の発表会をしたりした．米国の大学が

仮想キャンパスを設置し，授業やセミナーをすることもあった．

　当時は，リアルな世界に代わる仮想世界の到来に大きな期待が寄せられており，メタバースという新しい言葉を使って，多くの人や企業が将来の夢を語った．2008年には，登録会員数が1 500万人超になった．しかし，このブームは長くは続かなかった　実際のユーザーにとって，不便なことが多かった．高性能なグラフィック機能をもつPCが必要であったし，操作方法の習得にもやや時間がかかった．また企業の参画によってメタバース空間を歩いても広告ばかりという味気ない世界になった．ユーザーもログインしなくなり，企業も次々に撤退していき，人々の記憶から消え始めた．

　ちなみに失敗例として語られることの多いセカンドライフだが，現在でも毎日20万人のアクティブユーザーがいて，年間600億円のバーチャル内GDPを誇っている．DAU（1日当たりのアクティブユーザー）で数千万人から数億人を抱えるネットサービスがごろごろある現代において，大成功しているとは言い難いが事業としてはある程度成功している．

　そして今，第2次メタバースブームが到来している．

⒤　これまでのバーチャル空間と何が違うの？

　これまでのバーチャル空間で，目指してきた形やゴールは同じであるが，今注目されているメタバースでは，その仮想空間独自の仮想通貨を発行でき，その通貨でバーチャルな土地や建物を売買したり，バーチャル美術館やバーチャルコンサートで使えたり，現実と同じような生活やビジネスできる点が異なる．しかもその通貨はメタバースの運用企業が倒産しても，社会に残りつづけるブロックチェーンの仕組みが用いられることが一般的である．

　初代のバーチャル空間として流行した「セカンドライフ」でもリ

ンデンドルと呼ばれる仮想通貨があったが，ブロックチェーン技術がなかったため，運営企業が倒産すると，通貨が消え去り，価値が0になるリスクがあった．

　メタバースでは，現実社会の通貨ともつながっているので，海外では実際にメタバースに出稼ぎに行ってリアルな生活費を稼いてくる人もいる．日常生活では，Twitterでいくらバズっても直接的にはお金にならなかった．メタバース上では良い情報を発信する人たちが，"いいね"のハートをもらうとそのハートが一定の価値をもつので，ハートを売ることで，その世界で生活ができる人が増えていく時代がメタバースなのである．

(v)　メタバースが流行ると世界はどうなっていくのか

　メタバースは，仮想現実のなかに価値が出てくる世界だ．メタバースが流行ると今みんなが使っているSNSがもっとリッチになり，まるで友達がすぐ隣に存在するぐらいの感覚になる．これまでのSNSはテキスト，画像，動画といった瞬間ごとを切り取った素材を人間側が脳内で補完することで，ソーシャルなコミュニケーションを実現してきた．実際の会話と比べたらチープな体験だった．メタバースはソーシャルなつながりをリッチな体験に，リアリティが劇的に増すことが期待されている．

　ビジネスにも活用されるため，商談・イベントなどが，地方や海外からわざわざ泊まり込みで集まることなく，VRゴーグルやブラウザでアクセスして，自宅から参加でき，リアルなイベントと同じような仕事の成果を挙げられる．メタバース上で働き，生活する人が大勢出てくる．最近の報道では，メタバースを使って入社式を行う企業まで現れている．

　すでに，アクシーインフィニティという海外のゲームなどでもそ

の兆候が出てきている．ゲーム内のペットを育て，子孫を産み，ライバルと戦ったり，ペットを売ったりすることで月に数十万円稼いで生計を成り立たせるような「Play to Earn」という概念が生まれてきている．

ちなみにアクシーインフィニティは「ゲームのなかでお金が稼げる」ブロックチェーンゲームであり，仮想現実のなかの世界で生活するメタバースまでに至っているが，まだ初歩的な段階ではある．いずれにしてもメタバースは自由に世界観を設計できるゲームと非常に相性が良いことから，数年以内にゲームとメタバースが組み合わされることは確実である．そうなると人々がメタバース上のモンスターを狩る出稼ぎにいって，リアルな生活費を賄うというのが当たり前の世界になる．

(vi) **オンラインゲーム上に新しい国家誕生？**

世界最大級のオンラインゲーム「フォートナイト」は今のところ，ここに定義しているメタバース的な展開まで至っていないが，プレイヤー人口（なんと3億5000万人！）からするとすでに一つの大きな国が成立している（アメリカ合衆国よりも多い！）ようなものなので，もし，フォートナイトがメタバース化するとゲーマーのための新しい国家が誕生したと同じような革命的な"事件"になる．ゲーマーが集まる国家の主力の産業はわかりやすいところでいえば，「超絶技巧のゲームプレイ」なので，サッカーやテニスのようなプロスポーツが強い国のように「観戦」によって諸外国つまり現実世界の人々に付加価値を与えるだろう．メタバース上に"ゲーム観戦"にきたついでにメタバースの名所に観光するなんてことも流行するかもしれない．

このフォートナイトの仮想空間で大物アーティスト（トラヴィス・スコット，アリアナ・グランデ，米津玄師，星野源，マシュメロ，スティー

ブ・アオキ・・・）がそれぞれライブをして，なんと1 000万人以上が参加したライブもあった．また，この仮想空間で使うための3Dアイテムやアバターが買える仮想マーケットに100万人以上が訪れたというから超びっくりだ．メタバースのおしゃれショップやアバターのデジタル衣装を販売するアパレル店長などの新しい職業も現れようとしている．今でもTwitterやYouTubeやゲームなど人々の暮らしは利用頻度からするとデジタル上の生活に大きくシフトしてきているが，これまでのデジタル上での行動に関して，価値を直接もたらすことはできなかった．でもテクノロジーが進化してブロックチェーン技術によって価値を担保することができるようになった．

　メタバースで重要かつ面白いのがデジタル上の世界なので，逆に物理的な存在は入れない．例えば，リアルでいくら価値のある世界的な絵画があったとしても，メタバースのなかのバーチャル美術館には飾れない．物理的な存在が邪魔になった瞬間である．こうした物理的な存在をデジタル化する方法はブロックチェーンを使うことで，可能になる．メタバースが発展するのにブロックチェーンが必要とされる一つの理由になってくる．つまり，メタバースのなかで取引されるのはNFTによって本物と認められた様々なアイテムなのである．

(vii)　メタバースは次の時代の大イベント？

　2021年10月28日，Facebookは社名を「Meta」に変更すると発表し，世間を驚かせた．創業者であるマーク・ザッカーバーグCEOも「これからはメタバースファーストでいく」と明言してSNSのアプリケーションから仮想空間という新たな領域に飛び出していく姿勢を明確にした．同社は，今後毎年1兆円規模の投資をして技術開発を行っていくと発表している．社名変更と前後してVRオフィス

である「Horizon Workrooms」をリリースし，話題に事欠かない状況が続いている．

　フェイスブックといえば，GAFAMなどと呼ばれるテックジャイアントの一角を占める超有名企業である．社名変更はどんな規模の会社にとっても大きな変更である．なぜ，これだけ世界に浸透した名前を捨てて，「Meta」という新しい名前を変更したのだろうか？メタバースでの存在感を確立したいからに他ならない．メタバースはネットを使ったサービスのうちの次のキラーサービスになると目されている．インターネットが商業的に使われ始めたころ，ホームページやメールがキラーサービスであった．良いウェブブラウザや良いメーラーを提供した企業がインターネットで発言権を増すことができた．それが，検索エンジンになり，掲示板になり，EC（電子取引），SNS，YouTubeに移っていった．

　それらの分野の王者として，検索エンジンのGoogle，ECのAmazon，SNSのFacebook，それらの窓口としてのAppleやMicrosoftがGAFAMを形成している．そして次のキラーサービスがメタバースというわけだ．メタバースという分野で勝利した企業が次の時代を制覇するかもしれない．Facebook，Instagramを成功させ巨大IT企業として輝いてきた同社だが，広告収入の減少が明らかになり，新しいビジネスを模索しているなかでの決断だったといわれている．

　通信技術や映像技術，さらにはセンサ技術の発展によりオンラインショップや見本市など活用事例はどんどん拡大していっており，メタバースは2028年には，100兆円の市場規模が予想されている．

(viii)　世界最大規模の経済圏をもつ『Decentraland』

　Decentralandは，最も歴史が長いとされるメタバース構想のブ

ロックチェーンプロジェクトである．Decentralandは2015年，Ari Meilich氏とEsteban Ordano氏の両氏により2Dプラットフォームとして発表された．その後，VRとブロックチェーン技術を組み合わせた仮想空間プラットフォームとして進化を遂げた．2017年のICO（資金調達目的で行う独自トークンのプレセール）を実施した際には，開始から数十秒で約26億円を調達した．そして2020年，一般向けにリリースされ，瞬く間に世界最大規模のエコシステムをもつプロジェクトの一つになった．開発・運営を行うのはカリフォルニアを拠点とする非営利団体「Decentraland Foundation」で，20を越える世界中の投資家からサポートを受けている．そして，2021年11月には，Decentralandを巡って様々な動きがあった．例えば，同月15日にはカリブ海の島国バルバドス（Barbados）がDecentraland上にバーチャル大使館を設立することを計画していると発表．18日には，「メタトーキョー（MetaTokyo）」がDecentralandにポップアップミュージアムを建設したことが明かされた．

　メタバースへの進出だけでなく，もっと具体的に，Decentralandへの進出を公表する企業も増えている．例えば，サムスン電子アメリカは，Decentraland上に実際あるマンハッタンの旗艦店をモデルにしたバーチャルストアをオープンした．他にもカナダの投資企業Tokens.comも，Decentralandで2.88億円に相当する土地を購入したとニュースになった．このように，Decentralandはすでに多くの企業からの熱い目線が送られている．

(ix) **2035年の近未来都市「Oasis TOKYO」を制作する『The Sandbox』**

　『The Sandbox（ザ・サンドボックス）』とはイーサリアムのブロックチェーン技術を基盤とした「ユーザー主導のゲームプラットフォーム」

である．ユーザーは仮想空間上にLAND（土地）を購入，レンタルをすることで，オリジナルのゲームやアイテム，キャラクター，サービスを作成することができる．マインクラフトなどのシュミレーションゲームが好きなゲーマーには，とても親しみを感じられるゲームプラットフォームだろう．さらにユーザーは所有するLANDやアイテム，キャラクターをイーサリアムブロックチェーンによる代替不可トークン（NFT：Non-Fungible Token）としてプラットフォーム上に自由に売買することが可能である．ダウンロード数は4 000万回，月間アクティブユーザー数はピーク時には100万人を超え，シリーズ最新作は世界で最も期待されているブロックチェーンゲームトップ50の13位に選出された．2020年3月にはスクウェア・エニックスなどから201万ドル（約2億2千万円）の出資を受けるなど，日本での今後の発展が期待されている．

(x)　世界中の人との交流を目指した「VRチャット」

　VRチャットはGraham GaylorとJesse Joudreyの両氏によって開発され，米国の企業であるVRChat Inc.によって運営されているソーシャルVRプラットフォームである．現在は，SteamまたはOculus Storeにて無料でダウンロードでき，Oculus QuestやHTC Viveなどに対応したVRヘッドセットを使用してプレイすることができる．VRプラットフォームとあるが，必ずしもVR機器を所有している必要はない．VR機器をもっていないプレイヤーのためにデスクトップ版も用意されているため，Windowsの環境があれば誰でもプレイが可能である．ただし，デスクトップの場合は，アバターの手足を自由に動かすことができないなどの制限がある．

　VRチャットは2017年に公開されてから，これまで全世界で43万人のユーザーが活用しており，VR上で友人たちとおしゃべりした

り，イベント会場として利用したりと，2022年現在も大きな盛り上がりを見せている．VRチャットはVRの技術を用いてVRとSNSを組み合わせたもので，世界中の人と交流を目的にした新しいサービスである．VRゲームとは差別化されており，アバターを通して複数のユーザー同士でおしゃべりしたり，自らアイテムを制作したり，バーチャル空間で社会的なコミュニケーションが可能だ．

　VRチャット内には無数の「ワールド」と呼ばれるバーチャル空間が配備されており，好きな場所で他の世界中のユーザーとの交流を楽しむことができる．近くにいるユーザーとはボイスチャットを通してコミュニケーションを取ることはもちろん，身体の動きをトラックしているため，実際の動きがアバターに反映され，身振り手振りのコミュニケーションも可能であり，まるで目の前に人がいるかのように感じる．

(xi) 何もないから，なんでもできる「あつまれ どうぶつの森」

　ゲームユーザーに身近なところでは，「あつまれ どうぶつの森（以後あつ森と略する）」も，広い意味でのメタバースとして紹介されることがある．ただし，今のところ，ブロックチェーン技術は使われていない．ゲームユーザーはずいぶん前からメタバースに触れているし，今騒がれているメタバースはそういったゲームの世界の延長をさらに発展させたり，あるいは他の分野へ活用しようという動きだったりもする．

　キャッチコピーは，「何もないから，なんでもできる」であり，目的達成型のゲームではなく，参加者が思い思いに世界を作ったり他のユーザーと交流したりすることができる．あつ森の中では，のんびり歩く，釣りをする，化石を発掘する，ムシをつかまえるなど，日常生活に似た様々な行動を楽しめるようになっている．あつ森が

人気を博している理由は，やはり自分自身で島，家，内装など様々な世界を美しくつくり出せることである．あつ森の世界には，企業も進出している．JTBは，コロナ禍でなかなか旅行には出かけられないという環境下で，なんとか旅行気分を味わえるようにということで，あつ森の中で「JTBがプロデュースする夢の観光島（JTB島）」を作成している．まだ，現時点では企業や自治体の参入が多いとはいえないが，観光PR，企業PRということを目的に参入している例が多い．

⑿　Nianticが目指すメタバース

「ポケモンGO」や「ピクミンブルーム」の開発で有名なNianticもメタバース構想を発表しているが，Metaが提唱する没入型のメタバースとは大きく異なる．Nianticは現実世界とデジタルの世界を接続することを提案していて，これを「現実世界のメタバース」と表現している．Nianticが考えているメタバースは，「ポケモンGO」がさらに進化したような世界である．世界中の何億というユーザーの状態，あるいはそのユーザーがつくったデジタル上のオブジェクトが全員で共有され，そしてそれが，コンピュータ用に開発された，これまでないほどの詳細なマップによって，現実世界と正確に結びつけることが課題だといえる．

スマートグラスのような，常に装着するメガネ型の端末の開発が進めば，Nianticがいうように，現実世界にデジタルの世界が融合して，例えば街にポケモンが歩いているような世界もあり得るかもしれない．

⒀　なぜ，今メタバースが注目されているか？

注目を集める最大のきっかけは先にも紹介したFacebook（現在はMeta）の創業者のマーク・ザッカーバーグCEOの発信である．も

ともとFacebookはVRヘッドセットを販売していたOculusを2014年に買収して，この分野への投資を進めていた．2006年のブームが去ってからかなりの時間が経った2021年においてなぜFacebookはなぜメタバースにこんなに力を入れているか，その背景として技術的進展があった．その技術とはVRヘッドセットの発達である．

2006年時点では，高性能なPCの画面でしか仮想世界を体験することができなかった．現時点では，PCやスマホでも操作できるが，VRヘッドセットを使うことにより没入感を高めて仮想世界の中へ入り込むことができる．そして，このようなVRヘッドセットが比較的安価（高性能なものでも数万円程度）で入手できるようになり，普及が進みだしている．PCで見るとディスプレイに表示された部分だけが仮想世界だが，VRヘッドセットで見ると視界に入る領域全てが仮想世界となる．そのため，まるで仮想世界の中に自分自身が飛び込んだかのような没入感を得ることができる．

また，スマホの高性能化もメタバースの発展に寄与している．VRヘッドセットをもっていない人にとっても，スマホで簡単にメタバース世界へアクセスできるという点も大きな違いである．メタバースのスマホ向けアプリは，カメラ機能を高度に活用して，利用者の体の動きや顔の表情をリアルタイムに認識して，アバターの動きに反映させることができる．このように今は誰でももっているスマホからメタバース世界に簡単にアクセスできるようになったことが大きなアドバンテージである．

多数ユーザーの同時接続を可能とする性能向上もメタバースを後押しする大きな要因である．Second Lifeでは一つの世界に最大50人しか入れないという制約があった．当時のサーバーの性能やネットワーク通信帯域を考えるとやむを得ない制約であった．これに対し，

図3・21　メタバースを進化させる要因

現在は同時に数万人が接続できる．もちろんFacebookだけでなく，多くの企業がこのような技術的進展を理解したうえでメタバースの再来を確信している．2006年のブームは期待先行で終わってしまったが，技術面で十分に成熟した現在の環境において，満を持して本格的メタバースが到来できる．

　もちろん，Facebookだけではない．マイクロソフト（Microsoft）は，大手ゲーム会社アクティビジョン・ブリザード（Activision Blizzard）を687億ドル（約7兆8300億円）で買収すると発表した．Microsoft等の巨大IT企業はもちろんのこと，世界中で多数の利用者がいるオンラインゲーム（フォートナイト，マインクラフトなど），ブロックチェーン技術を使って金銭の決済も行えるプラットフォーム（The Sandbox，Decentralandなど），チャットや配信サービス（VR Chat，Realityなど）など，様々な分野のサービスが，メタバースというキーワードを使って競い合っている．まさに，百花繚乱で新サービスが続々と出現し，将来のデファクト・スタンダード（事実上の標準）を巡って争っているという状況である．

⒁　メタバースを支えるハードウェア

　メタバースに参加するには，VRヘッドセットやVRメガネなど
ハードウェアを装着するタイプとそうでないタイプが存在する．メ
タバースはVRテクノロジーに限定されるものではないが，メタバー
スの世界を最も深く・強く体験できるテクノロジーがVRであり，
他の分野に比べ関連度・重要度が高い領域といえるのだ．VRテク
ノロジーの現状を知り，この先の展開を予想することで，メタバー
スの大まかな動向はつかめるかもしれない．

　Oculus社のヴァーチャル・リアリティヘッドセットであるQuest 2
から判断すると，VRがスマホのように世界的に普及するには，まだ
時間を要するかもしれない．最も大きな課題は，VRヘッドセット
のサイズと重量だ．スマホのように日常で気軽に利用するには大き
すぎるのだ．普及させるには，画質を維持・改善しつつ，サイズ・
重量を小さくすることが求められる．メタバースへの関心が高まる
なか，VR企業各社はこの弱点を克服するために，様々な試行錯誤
を続けている．台湾のスマホメーカーとして知られるHTCが販売
を始めたVR端末「VIVE Flow」は，VRテクノロジーの一歩前進
を示すものといえる．Quest 2の重量は約500グラムだが，HTCの
VIVE Flowは，わずか189グラムである．携帯性や装着性が優先
された軽量化モデルで，ヘッドセットというよりは，VRメガネと
呼べるような形をしたハードウェア．HTC社は，同モデルのローン
チ時に専用のVRアプリ100個を同時に発表，今後，利用できるア
プリ数を大幅に増やす計画という．大幅に軽量化されたという点で
は，普及の可能性を示すモデルだが，視野角や利用できるアプリ数
などにおいて軽量化にともなうトレードオフもいくつか存在してお
り，まだまだ解決すべき課題が残っている．

(xv) インターフェースとしての"スマートコンタクトレンズ"

　人間がメタバースに「どうやって入り，どうやってインタラクションをもつか」という手段を考えるのがインターフェースだ．現在の技術だとメタバースに接続するにあたって，インプットは何かしらのディスプレイを介して，アウトプットは何かしらのコントローラを介することになる．VRゴーグルと呼ばれる頭からかぶる方式もあれば，スマホから体験を享受する方式もある．ただ，いずれは眼球に装着するスマートコンタクトレンズや脳と直接つなぐBMI（Brain-Machine-Interface）のようなものが普及するかもしれない．

　ヘッドマウントディスプレイをかぶることはメタバースを体験するうえでハードルとなっている．そこで，ゴーグル型のヘッドマウントディスプレイをもっと人間に身近で負担の少ないものにしていこうという研究が進んでいる．ゴーグル型からメガネ型に，さらには，コンタクトレンズにしてしまおうとする研究がすでに行われている．いわゆるスマートコンタクトレンズだ．サムスンやソニーが研究していることを発表している．その分野のスタートアップとしては，「モジョビジョン（Mojo Vision）」が知られている．日本のKDDIも投資している会社で，スマートコンタクトレンズに関する

| スマホ | VRゴーグル | スマート
コンタクトレンズ | ブレインマシン
インターフェース |

図3・22　メタバースの楽しみ方

特許を多数取得している．0.5ミリメートル未満のサイズで，目に入れて動画や画像を表示する夢のようなデバイスとのこと，人体からエネルギーを取り出し，デバイスの給電する方法を研究している．

⒃　**究極のブレインマシンインターフェース**

　スマートコンタクトレンズのさらに先にあるインターフェースの未来について考える．脳とコンピュータを直接つなぐブレインマシンインターフェースである．この研究には，米国の電気自動車メーカのCEOのイーロン・マスクが2016年に設立したニューラルリンクが熱心に取り組んでいる．脳に半導体チップで構成された埋め込み型の装置を開発している．頭蓋骨を開ける手術が必要なので大変だが，脳波計のような非侵襲型より情報が圧倒的に多い．当面は，身体障害者へのリハビリが目的だが，その次は健常者である．

　脳とコンピュータがつながったときに得られる恩恵は計りしれない．現時点のVRは単に視覚と聴覚をハックするものだが，BMIが実現すると五感すべてをコンピュータによって制御できる時代となる．

⒄　**なぜ，今後メタバースが重要になるのか**

　メタバース上での生活や仕事をしたほうが，デジタルの特性すなわち

①　安く素早く価値や情報を世界中に届けられる．

②　物理的なスペースを必要としない．

③　すべてのアクションが数値やデータとして残り，劣化しない．

などを活かすことができて，生産効率が断然高まるからである．

　人類社会にとって距離がもたらす移動のコストは馬鹿にならないものがある．コロナ禍になって一部の会社では通勤をやめたことによって，これまでミーティングのアポは移動を考えると，午前中に

せいぜい2〜3件だったのが，15分単位のミーティングで5〜6件などできるようになって物事がスムーズに進むようになったりする．もちろん実際に人と人が会わないことによって人間関係が構築しにくいなどのデメリットもあるが，メタバースであっても今後リッチな機能が備わっていくことで，ある種の非生産的な贅沢な時間を人と一緒に過こすことで，人間関係を構築しやすくもなってくる．

　今や日常においても，仕事上においてもインターネットやLINE，Eメールを使わない人がいないように，今後，メタバースを使わないと効率が悪すぎて，次の世代の生活についていけなくなるかもしれない．しかもメタバースではどちらかというとこれまでインターネットのテキスト中心のコミュニケーションで伝えきれなかったひととなりをリッチな体験として伝えられるツールなので，これまでインターネットやデジタルが苦手だったり敬遠したりしてきた人たちこそ，このメタバースで活躍できるのではないか．一方で，メタバース上の活動はログとして数値やデータが残ってしまうため，データの管理や閲覧を適切に制限し，そのデータにアクセスする特権的な人をつくらないように，個人のプライバシーを担保するような仕組みも必要である．ブロックチェーンを活用することで，この問題が解決できる．

(xviii)　地球環境に優しいメタバース

　過去200年間は，人類のエネルギー消費量が爆発的に増えた時代だった．人口の増加に対して明らかにエネルギーの消費スピードは急激だった．燃料を燃やすことにより得られた熱エネルギーは，熱力学によって運動エネルギーへと変換され，人やモノなどの物質を移動させてきた．バラバラだったモノたちを1か所に集積し，単純作業を自動化させたことが，人類の生産性の爆発的な向上につながっ

た．石炭や石油，天然ガスから取り出したエネルギーは電力として使われてきた．つまり，これまではエネルギーのほとんどを，物体を動かすことに使われてきた．これからの時代は，主役は原子からデータへと交代する．それに伴ってエネルギーが働きかける対象は原子ではなくデータになる．データに働きかけた方が桁違いの生産性の向上につながるからである．モノを動かすために使われてきたエネルギーはコンピュータのCPUやGPUなどのプロセッサを動かすために使われるようになり，人々の暮らしはより便利になっていく．昨今，地球温暖化の抑制から地球環境を守ることが強く求められている．激しいモノの移動を支えた化石燃料型の経済によって，地球は壊れかかってきている．我々の住んでいる地球を持続可能，サステナブルなものにするべく，2050年までに温室効果ガスの排出を実質ゼロに抑え込む目標がある．その目標に有効な方法が「移動しない」．メタバースが実現すれば，人やモノが移動しなくなり，目標達成に貢献できる．実質的な価値だけを抽出し，無駄を省く．地球環境のサステナビリティが人類最大の課題になった時代だからこそ，メタバースの実現が求められる．

(xix)　オープンメタバースってなあに？

　オープンメタバースとクローズドメタバースの二つのメタバースの違いを理解することが重要である．クローズドメタバースは相互運用性がなく，一つの世界だけで完結している．オープンメタバースは，相互運用性があり，プラットフォーム間を相互に行き来できるという可能性を秘めたものということになる．つまり，自分が作成したり手に入れたりしたオリジナルなアイテムはどのメタバースでも共通的に使用できるというものである．これまでのすべてのサービスはクローズドメタバースであるが，これからブロックチェーンや

NFTが登場する世界のメタバースは，オープンメタバースとなり，デジタル経済圏と呼ばれるかつてないとてつもない大きな経済活動が繰り広げられると，モルガンスタンレーやグレイスケールなどは予想しており，その額は米国の国家予算を越えている．このオープンメタバースを実現可能にするのが，先に紹介したWEB3.0の世界である．

(xx)　今後どこまで発展するか，我々はどう生きて行けばいいのか？

　メタバースが発展していくと第二の地球的な新しい世界が生まれる．歴史的に考えると，資源や領土争いはそのメタバースの中で行われることになって，世界平和につながる．技術が発展すると現実世界と同等のリッチな体験がメタバースで実現するとあらゆる現実社会にあるものは，メタバース上に交代されていき，そこで新しい世界が構築されていく．現実と違ってデジタル領域は，無限なので限られた資源や領土を奪い合うような戦争は起こりにくくなるだろう．国同士の戦争の替わりとして行われたオリンピックのように，今後の戦争はメタバースで行われ，人が誰も傷つかない世界も実現されるかもしれない．

　では，今後メタバースの世界でどう生きて行けばいいのか？　自分ではない自分をロールプレイのように演じることもできれば，メタバースの中では性別とか物理的制約がなくなるので，異なる性になったり，ミュージシャンになったりなど色々な体験ができる．今までチャンスがなかった人にとっても新しいチャンスやいろんな価値の創造につながり，自分自身の考え方や意識も変わってくる．さらに，今度は自分自身ってなんだろうって考えたり，新しい可能性に気がついたりすることになる．このように，仮想世界はテクノロジーの発展やコミュニケーションの変化とともに，徐々に私たちの

生活のなかに，広がり続けている．ひょっとしたら近い将来，ここはリアルかメタバースか，気にしなくなり自分の好きな世界線を好きなように渡り歩いて，幸せを求めていくようになるのかも．

(xxi)　本章のまとめ

　本章では，今まさに革命が起ころうとしているメタバースについて紹介した．メタバースはネット上につくられた仮想的な社会のことであるが，ゲームはもとより，ライブをしたり，展示会をしたり，国際会議を開催するなどその応用は指数関数的に広がっている．大手企業は，そこに土地を買ってグローバルなビジネスを展開するなど，ブロックチェーンはメタバースに経済を生むことになった．モノの移動を伴わないことや，アバターの導入で国籍，性別，年齢などの個人情報をさらすことが不要になることで，SDGsの発展も後押しできることになった．

索　引

131

おわりに

　この世の中に仮想通貨の代表であるビットコインを誕生させたブロックチェーンについて，その仕組みやこれからの将来性について紹介した．執筆者は，半導体デバイスの研究者であって，ブロックチェーンは専門外である．ブロックチェーンが機能するためには，パソコンや通信技術が使われ，それらは間違いなく半導体で構成されているため，全く専門外かといえば，そうではない．しかし，専門外だからこそ，初心者にわかりやすく説明したいと考えた．

　本書を執筆するために，詳しく調査するにつれて，ブロックチェーンのもつ可能性について，あらためて痛切に感じることができた．これから，我々にやってくる未来の生活，その基盤を支えているのが，ブロックチェーンなのである．

　ブロックチェーンについて，指導していただいた奈良先端科学技術大学院大学　情報科学研究領域　笠原正治教授に感謝する．

　このような重要な書籍を執筆する機会をいただいた電気書院の近藤知之氏に深く感謝する．

~~~~ 著 者 略 歴 ~~~~

浦岡　行治（うらおか　ゆきはる）

1985年 松下電器産業株式会社 半導体研究センター
1995年 松下電器産業株式会社 液晶開発センター 主任技師
1996年 松下電器産業株式会社 液晶事業部 主任技師
1999年 奈良先端科学技術大学院大学 物質創成科学研究科 助教授
2009年 奈良先端科学技術大学院大学 物質創成科学領域 教授
2020年 奈良先端科学技術大学院大学 物質科学教育センター長　現在に至る
　　　博士（工学）豊橋技術科学大学，応用物理学会フェロー

スッキリ！がってん！　ブロックチェーンの本

2023年 3月 9日　　第1版第1刷発行

著　者　浦　　岡　　行　　治

発行者　田　　中　　　　聡

発　行　所
株式会社　電　気　書　院
ホームページ　www.denkishoin.co.jp
（振替口座　00190-5-18837）
〒101-0051　東京都千代田区神田神保町1-3ミヤタビル2F
電話(03)5259-9160／FAX(03)5259-9162

印刷　中央精版印刷株式会社
Printed in Japan／ISBN978-4-485-60052-8

• 落丁・乱丁の際は，送料弊社負担にてお取り替えいたします．

書籍の正誤について

万一，内容に誤りと思われる箇所がございましたら，以下の方法でご確認いただきますよう
お願いいたします.

なお，正誤のお問合せ以外の書籍の内容に関する解説や受験指導などは**行っておりません**.
このようなお問合せにつきましては，お答えいたしかねますので，予めご了承ください.

正誤表の確認方法

最新の正誤表は，弊社Webページに掲載しております.
「キーワード検索」などを用いて，書籍詳細ページをご
覧ください.

正誤表があるものに関しましては，書影の下の方に正誤
表をダウンロードできるリンクが表示されます. 表示さ
れないものに関しましては，正誤表がございません.

弊社Webページアドレス
https://www.denkishoin.co.jp/

正誤のお問合せ方法

正誤表がない場合，あるいは当該箇所が掲載されていない場合は，書名，版刷，発行年月
日，お客様のお名前，ご連絡先を明記の上，具体的な記載場所とお問合せの内容を添えて，
下記のいずれかの方法でお問合せください.
回答まで，時間がかかる場合もございますので，予めご了承ください.

	郵送先	〒101-0051 東京都千代田区神田神保町1-3 ミヤタビル2F ㈱電気書院　出版部　正誤問合せ係
FAXで 問い合わせる	ファクス番号	**03-5259-9162**
	弊社Webページ右上の「**お問い合わせ**」から **https://www.denkishoin.co.jp/**

お電話でのお問合せは，承れません

（2021年1月現在）